生猪产业

热点问题与持续健康发展政策研究

周琳 著

王晓红 程广燕 顾问

中国出版集团
研究出版社

图书在版编目(CIP)数据

生猪产业:热点问题与持续健康发展政策研究/周琳著. — 北京:研究出版社,2023.12
(农业农村产业振兴发展研究)
ISBN 978-7-5199-1391-5

Ⅰ.①生… Ⅱ.①周… Ⅲ.①养猪业–产业发展–研究–中国 Ⅳ.①F326.33

中国版本图书馆CIP数据核字(2022)第223699号

出 品 人:赵卜慧
出版统筹:丁　波
责任编辑:寇颖丹
助理编辑:何雨格

生猪产业
SHENGZHU CHANYE
热点问题与持续健康发展政策研究
周　琳　著

研究出版社 出版发行

(100006　北京市东城区灯市口大街100号华腾商务楼)
北京云浩印刷有限责任公司印刷　新华书店经销
2023年12月第1版　2023年12月第1次印刷
开本:710毫米×1000毫米　1/16　印张:7.5
字数:69千字
ISBN 978-7-5199-1391-5　定价:49.00元
电话(010)64217619　64217652(发行部)

版权所有·侵权必究
凡购买本社图书,如有印制质量问题,我社负责调换。

前　言

俗话说"猪粮安天下"，生猪产业作为我国畜牧业的支柱产业，直接关系我国居民膳食营养水平。随着我国社会经济和产业的不断发展，生猪产业发展面临着诸多挑战和问题，追求发展数量和满足温饱已不再是问题关切。生猪产业高质量发展、猪肉产品的质量提升，以及生态环境保护成为当前产业发展的重中之重，这些问题亟待深入研究和有效解决。

近年来，团队围绕生猪产业持续健康发展的政策开展了持续研究，重点围绕生猪产销对接、产业绿色升级发展、养殖废弃物资源化利用、猪肉全产业链损耗、猪肉分等分级、动物蛋白替代与优化路径，以及新冠疫情背景下生猪产业发展风险等方面开展了专项研究，深入探讨了生猪产业持续健康发展的政策路径和战略方向，为主管部门决策提供了技术支撑，并得到了分管领导的认可。编写

> 生猪产业
> 　　热点问题与持续健康发展政策研究

　　本书旨在为读者提供多视角了解生猪产业的现状和发展趋势，以及相关政策提供素材。但值得注意的是，本书生猪产业发展情况和政策建议是基于特定时期生猪产业发展的状况与问题提出的，具有一定的时效性，阅读时需结合当时生猪产业发展的历史背景。

　　本书的出版得益于主管部门的大力支持，也离不开研究所、团队领导以及行业专家的指导和支持，以及团队成员和研究生们积极参与实地调研和相关资料的整理，在此表示衷心的感谢。

　　最后，如果本书能够为广大关注和从事生猪产业研究的同仁，以及生猪全产业链生产经营主体提供一些参考，将是对团队以及本人的莫大鼓励。因本人能力有限，本书可能存在分析和思考不充分的问题，也欢迎广大读者朋友批评指正。

农业农村部食物与营养发展研究所
周琳
2023年12月 北京

目录

第一章
生猪产业绿色升级对我国猪肉供给保障影响研究
一、生猪产业绿色升级现状……………………………… 002
二、环保压力下保障生猪供需稳定的政策建议………… 006

第二章
养殖粪污资源化利用对生猪产业发展影响的调查报告
一、养殖废弃物处理和资源化利用的主要模式及成本概算
　……………………………………………………… 012
二、畜禽养殖废弃物处理和资源化利用背景下生猪养殖业
　变化趋势判断……………………………………… 017
三、畜禽养殖废弃物处理和资源化利用中存在的问题… 025
四、政策建议……………………………………………… 030
附件一　调研企业生猪粪污资源化利用模式简介……… 033

第三章
生猪产业绿色升级发展研究报告

一、生猪产业绿色升级的四大变革····················037

二、生猪产业绿色升级的四大新趋势··················041

三、确保生猪产业绿色升级的四项建议················045

第四章
需求引导下生猪粪污资源化利用建议

一、生猪粪污资源化利用中面临的问题与瓶颈··········050

二、生猪粪污资源化利用思路与可行性分析············053

三、粪污资源化利用推进政策建议····················056

第五章
肉类全产业链损耗及可食用系数研究

一、引言··059

二、数据来源与计算方法····························060

三、损耗及可食用情况······························064

四、分析讨论······································070

五、结论与启示····································074

目 录

第六章

我国生猪胴体分级存在的问题及发展建议

一、我国胴体分级现状及存在问题……………………076

二、国外胴体分级做法及其成效………………………079

三、制定我国猪胴体流通等级体系的建议……………085

附件一 加拿大猪胴体分级指标…………………………087

附件二 美国猪胴体分级标准……………………………088

附件三 猪肉产品肉色及大理石花纹指南………………089

附件四 欧盟猪胴体商业质量标准………………………090

第七章

非洲猪瘟背景下动物蛋白供给保障及优化建议

一、单位蛋白质对应的动物产品需求与替代效率分析…092

二、其他动物产品与猪肉的替代性分析…………………093

三、动物蛋白供给保障及优化建议………………………098

第八章
新冠疫情对家禽产业的影响及其传导加剧猪肉后市波动风险分析与对策

一、非洲猪瘟疫情下禽类产品对猪肉的消费替代作用与
　　替代力度分析 ································· 102

二、新冠疫情对家禽产业的影响观察 ················ 103

三、新冠疫情导致禽肉对猪肉消费替代的缺口预测
　　 ··· 104

四、助力稳定新冠疫情后期猪肉市场价格波动的
　　若干建议 ··································· 105

参考文献 ·· 109

第一章

生猪产业绿色升级对我国猪肉供给保障影响研究

居民消费水平稳步提升，膳食结构不断升级，对生猪产业的转型升级提出外部需求。同行以及国外猪肉产品的市场竞争，以及当前的环保压力迫使生猪产业打响"转型攻坚战"，成为生猪产业转型升级的内部驱动力。猪肉历来是我国居民餐桌的重要农产品之一，能够提供优质动物性蛋白，当前生猪产业的转型升级能否保障国内猪肉有效供给是当前农业产业结构转型升级关注的迫切问题。为掌握最新情况，课题组选择生猪生产大省、南方水网地区生猪产业调整省份以及东北生猪产业承接省份为切入点，赴浙江、广东、河南和吉林四省开展调研，旨在掌握猪肉产品消费结构升级状况、预判未来猪肉产品消费需求升级趋势，并判断环境污染治理对生猪产业提质增效以及我国猪肉供给保障的影响，为破解农业供给侧改革难题、保障国家食物安全、利于政府部门决策提供科学依据。

一、生猪产业绿色升级现状

（一）生猪产业绿色升级对国内猪肉有效供给不产生影响

"南猪北养"可有力地补充南方禁养区和限养区生猪产能下降的情况。为了推动南方水网地区生猪养殖与环境保护协调发展，减少养殖业对水资源的污染，优化南方水网地区生猪养殖区域布局，生猪养殖整体北移已成定局。自2013年11月《畜禽规模养殖污染防治条例》《水污染防治行动计划》相继实施，全国相继开展畜禽废弃物治理和资源化利用整治与养殖场升级改造，农业面源污染防治力度不断加大。以南方水网地区为主的省（市），有力关停小规模生猪养殖企业以及生猪养殖散户，截至2017年9月，上海市关停规模生猪养殖场121家，占全市生猪养殖企业的45.0%；浙江省累计关停规模养殖场5万余家，比2013年减少57.0%；广东省关停3万多家，占全省生猪养殖场户数的4.2%，减少生猪养殖量562万头，约占出栏数的16%；河南省关停生猪场户数1665家，占全省生猪养殖场户数的5.3%，减少生猪养殖量231万头，约占出栏数的3.7%（见表1-1）。同时"南猪北养"稳步推进，生猪养殖企业产业布局北移明显。以广东温氏、河南牧原、河南雏鹰、江西正邦、北京大北农、山东新希望等龙头企业为代表的养殖企业纷纷在东北三省和内蒙古地区布局。据统计，2020年东北三省和内蒙古地区累计新增出栏可达4650万头，约占当前生猪出栏量的65%，足以覆盖南方生猪减少量。

表1-1　2017年9月底典型省（市）限养禁养区关停养殖场数

省（市）	关停养殖户数（家）	占全省生猪养殖场户数比例
上海	121	45.0%
浙江	5万余	57.0%
广东	3万余	4.2%
河南	1665	5.3%

（二）环保成本占生猪养殖费用低，对生猪价格波动影响小

生猪养殖粪污处理的成本主要包含粪污收集、污水处理和粪污处理等环节的费用。调研显示，粪污资源化利用环保成本平均每头14.45元，仅占生猪养殖成本的1.1%，对生猪成本的增加影响基本不大，其中养殖污水处理的环保成本为每吨9.87元，且地区间由于处理模式和外部气候条件等不同，处理成本地区间差异较大。未来，随着环保处理效率和处理量的提升，未来生猪养殖废弃物处理的环保成本预计能有较大降低空间。

(三）消费者、政府和企业共同发力推动猪肉消费升级

随着我国猪业产业化发展步伐不断加快，猪肉的数量已经可以满足居民的消费需要，消费者对猪肉的安全性、口感、营养、便利性等品质要求更高。根据调研情况，黑猪肉、土猪肉和品牌猪肉越来越多地走进百姓餐桌，特别是一二线城市居民消费潜力巨大。政府在推动猪肉升级方面也做了大量工作。广东省畜牧兽医局致力于优质猪肉的消费升级工作，预判未来广东省内优质猪肉消费占比为15%，并大力支持本地优质猪种的培育和推广，培育"壹号土猪""黑露"等优质猪肉品牌。吉林省畜牧业管理局则在保障猪肉安全方面下功夫：一方面，开发设计"拱E拱"畜产品质量安全追溯系统，加快推进"放心肉"系统工程，确立打造以无抗生素养殖为特色的"无抗肉"品牌；另一方面，制定了《无抗产业发展四年规划》。

企业是猪肉转型升级的重要推动力量。从调研企业来看，企业依据自身优势，采取不同措施撬开优势猪肉市场。"壹号土猪"瞄准一二线高端市场，采用自有猪种、自有基地、自有物流、自有连锁店的运营模式，迅速成为业内最大的优质猪肉生产企业。"精气神"公司通过20年12个世代选育而成"山黑猪"并通过国家畜禽新品种现

场认定，进一步提升本土黑猪的品牌和认知。"网易未央猪"借助互联网思维，采取信息化和农业产业相结合，形成规模化、品质化、智能化的"网易未央"养猪模式，结合众筹和网络竞拍等热点话题进行销售，促进猪肉产业转型升级。

（四）生猪养殖区位调整将影响生猪运输网络和产业布局

"南猪北养"的产业布局势必加剧产销区域的进一步分离，从而影响生猪运输网络和产业布局。以河南省为例，2017年1月至6月河南省调往外省的生猪量同比上涨57.62%，其中12个省（区）从河南省调入的猪肉量同比增幅超过40%，其中贵州省增幅最大，为271.22%，增幅最小的湖北省同比调入增加33.33%。未来，随着生猪产业向东北三省和内蒙古地区转移，从东北三省、内蒙古地区以及河南等生猪养殖主产区调往全国各地的生猪及其制品的数量仍将增加，"长距离、大调运"的趋势会逐步显现。在当前动物疫病防控和食品安全形势下，大规模、长距离运输活猪或热鲜肉制约性突出，未来冷鲜肉和猪肉加工制品的运输将具有较大优势，东北三省和内蒙古地区肉制品加工业和冷链运输产业需求将进一步提升。

二、环保压力下保障生猪供需稳定的政策建议

（一）实现污染物源头减量，降低污染治理成本

一是推进适度规模养殖，鼓励发展种养结合型生态养殖模式。改造现有养殖场，推广雨污分流、干湿分离和设施化处理技术，从源头上减少污染物的产生。二是提升废弃物治理水平，探索区域适应性污染物综合利用模式，降低治理成本。三是深入研究不同类型环保成本对生猪价格波动的影响，研究分析区域最经济、最有效的废弃物治理模式。

（二）综合评估东北环境容量、合理布局新增产能

一是对东北三省和内蒙古地区等生猪产业承接地，以县为单位开展环境容量综合评估，避免发生按企业利益过度扩展产能，避免东北三省和内蒙古地区成为第二个污染受害地区。二是结合不同区域种植业的规模和特点，合理规划新增产能在东北的布局。三是合理控制新增生猪养殖场规模，引导适度规模生产，匹配养殖规模和地方消纳水平，匹配新增产能和消减产能。

（三）建立以绿色发展为导向的政策补贴机制

一是对标准化规模养殖场的猪舍绿色升级改造、大型规模养殖场粪污资源化利用设施建设和设备购置提供不低于50%的补助。二是面向有机肥生产企业，按照生产数量和销售数量的双重指标，提供相应的税收补贴。三是引导农业生产者使用有机肥，制定面向种植户的阶梯式有机肥价格补贴制度，使有机肥的价格具有竞争力。四是将不同规模有机肥施肥器械纳入国家农业机械补贴目录。

（四）制定有机肥、沼液等终端产物的系列标准

一是按照商品的稳定性和标准性原则，根据不同作物对肥料的需求差异，研究制定适用于不同种植模式的有机肥、沼液和沼气的产品标准。二是研究有机肥、沼液等终端产品的行业检测标准和快速检测方法，保障有机肥等产品的治理安全。三是针对有机肥和沼液的产品标准，研究主要农作物的还田规范和指导。

（五）出台相关政策，推动生猪产业转型升级

一是制定生猪产业转型升级指导性文件，从政府层面加强对整个产业链的指导和监管，引导全国猪肉生产、加

工、运输与消费。二是对致力于生猪转型升级的企业给予一定的政策支持或补贴优惠，提高企业参与的积极性。三是全面普及膳食营养和健康知识，鼓励科学合理消费，反对浪费，构建鼓励减量、营养、健康、绿色消费的制度体系，从消费端撬动优质猪肉市场。四是加强优质猪肉产品生产、加工、消费、营养一体化研究，将营养品质指标纳入优质农产品标示范畴。

（六）尽快建立健全优质猪肉评价体系

一是应尽快起草优质猪肉评价国家标准，明确黑猪定义，通过标准的制定、标识的分类、品质的认证，建立优质猪肉评价体系。二是严格管理放心猪肉、无公害猪肉、有机猪肉等认证体系。三是加强对企业和市场的监管，把好质量安全关，严守产品品牌品质，加强品牌推广，加快研发流通、加工环节中的营养品质保持或增进技术。四是建立以营养和品质为导向的食物安全评价系统。

（七）建立猪肉产销地区多元化对接方式，扶持冷链运输产业

一是引导肉制品加工企业在生猪养殖主产地就地加工多元化猪肉制品。二是扶持生鲜冷链运输行业发展，备战新鲜猪肉及猪肉制品调运。三是加强疫病管理，严格控制活猪的大规模长距离调运。四是研究在未来生猪新增产能北移背景下，产销地区的合理对接和供给平衡调控模式。

第二章

养殖粪污资源化利用对生猪产业发展影响的调查报告

猪肉是我国居民的重要食物来源，能够提供优质动物性蛋白。生猪养殖粪污处理和资源化利用加快了我国生猪产业由传统的集约规模型向现代绿色生态型转变的进程，是农村环境治理的重要内容，对于化解农业发展资源环境压力、解决农业面源污染，促进生猪产业可持续发展，推动畜牧业供给侧结构性改革，以及保障居民营养健康具有重大意义。

当前，畜禽养殖污染已成为农业面源污染的主要来源，且综合利用率低。根据2010年《全国第一次污染源普查公报》相关资料显示，畜禽养殖业排放的化学需氧量占农业源排放总量的96%；总氮和总磷排放量分别占农业源排放总量的38%和56%。2013年，全国产生畜禽粪污为38亿吨，其中粪便总量约为18亿吨，生猪粪便约占畜牧业粪便总量的三分之一，综合利用率不到60%。规模化养殖场堆肥

第二章
养殖粪污资源化利用对生猪产业发展影响的调查报告

和沼气设施的比例分别仅为35%和26%。2015年，我国生猪养殖业向环境中排放氮元素204万吨、磷元素136万吨，分别占畜牧行业氮元素和磷元素总排放量的38%和36%。

自2013年11月《畜禽规模养殖污染防治条例》《水污染防治行动计划》相继实施，全国相继开展畜禽废弃物治理和资源化利用整治及养殖场升级改造工作，农业面源污染防治力度持续加大。在环保重压下，南方水网地区大力推进关停小规模生猪养殖场（户）工作，对生猪供给产生了一定影响。生猪养殖龙头企业基于对市场的灵敏嗅觉，提前布局东北三省和内蒙古地区，形成生猪新增产能的主要来源。为了解当前生猪粪污资源化利用的最新状况及其对产业的影响，畜牧业有效供给安全保障课题组对生猪养殖大省、南方水网地区生猪产业调整省份以及东北生猪产业承接代表省份开展实地调研，以畜禽粪污资源化利用和治理为切入点，根据实地调研和相关数据分析，对生猪产业绿色升级现状和存在的问题进行了客观深入分析，并提出了相应的政策建议。

一、养殖废弃物处理和资源化利用的主要模式及成本概算

（一）全国畜禽粪污废弃物资源化利用主要模式

目前，全国范围内生猪养殖废弃物处理和资源化利用主要有"粪污全量收集还田利用"模式、"污水肥料化利用"模式、"粪污专业化能源利用"模式、"异位发酵床"模式、"污水深度处理"模式、"污水达标排放"模式共六种模式。

1."粪污全量收集还田利用"模式

对于养殖密集区或大规模养殖场，在耕地面积较大的平原地区，依托专业化粪污处理利用企业，集中收集并通过氧化塘储存对粪污进行无害化处理，在作物收割后或播种前利用专业化施肥机械施用到农田，减少化肥施用量。此种模式适用于土地面积大、粮食主产区和畜产品优势区以及环境承载力和土地消纳能力相对较高的地区。

2."污水肥料化利用"模式

对于有配套农田的规模养殖场，养殖污水经多级沉淀池或沼气工程进行无害化处理，配套建设肥水输送和配比设施，在农田施肥和灌溉期间，实行肥水一体化施用，在作物收获后或播种前作为底肥施用。此种模式一是适合水

资源短缺、农田面积大的区域；二是适用于区域经济发达、畜禽养殖规模化水平高、耕地面积少、畜禽养殖环境承载压力大的区域；三是适合土地面积大、环境承载力和土地消纳能力相对较高的地区；四是适合粮食主产区和畜产品优势区及环境负荷高、水网密集的区域。

3. "粪污专业化能源利用"模式

依托大规模养殖场或第三方粪污处理企业，对一定区域内的粪污进行集中收集，通过大型沼气工程或生物天然气工程，沼气发电上网或提纯生物天然气，沼渣生产有机肥，沼液通过农田利用或浓缩使用。此种模式一是适合于区域土地面积大、环境承载力和土地消纳能力相对较高的区域；二是适合区域经济较发达、人口密度大、水网密集、耕地面积少、环境负荷高的区域；三是适合粮食主产区和畜产品优势区的区域。

4. "异位发酵床"模式

粪污通过漏缝地板进入底层或转移到舍外，利用垫料和微生物菌进行发酵分解。采用"公司+农户"模式的家庭农场宜采用舍外发酵床模式，规模生猪养殖场宜采用高架发酵床模式。此种模式一是适合经济较发达、人口密度大、水网密集、耕地面积少、环境负荷高的区域；二是适合畜禽养殖规模水平较低，以农户和小规模饲养为主的区域。

5. "污水深度处理"模式

对于无配套土地的规模养殖场，养殖污水固液分离后进行厌氧、好氧深度处理，达标排放或消毒回用。此种模式适合区域经济发达、畜禽养殖规模化水平高但耕地面积少、畜禽养殖环境承载压力大的区域。

6. "污水达标排放"模式

对于无配套农田养殖场，养殖污水固液分离后进行厌氧、好氧深度处理，达标排放或消毒回用。此种模式一是适合区域经济较发达、人口密度大、水网密集、耕地面积少、环境负荷高的区域；二是适合我国粮食主产区和畜产品优势区，位于水网地区、环境负荷较高的区域。

（二）粪污综合利用模式与成本

根据现场调研情况分析，调研省份已经初步形成符合当地生猪产业和种植业特点的生猪粪污资源化利用模式[1]：网易未央（安吉）现代农业产业园，采用固体粪污堆肥和污水深度处理的模式处理粪污；广东筠诚生物科技有限公司采用粪污专业化能源利用和污水达标排放的模式处理粪污；广东温氏的合作农场范金树现代化家庭农场和广东壹号土猪有限公司采用"异位发酵床"模式处理粪污；河南

---

[1] 调研省份典型企业生猪养殖粪污资源化利用情况详见附件一。

第二章
养殖粪污资源化利用对生猪产业发展影响的调查报告

省双汇发展郾城农场、牧原农牧有限公司和三泰农牧科技有限公司均采用"固体粪污堆肥"和"污水肥料化利用"的模式处理粪污；吉林省伊通温氏马鞍山种猪场和吉林精气神有机农业股份有限公司分别采用"固体粪污堆肥+污水立罐式沼气发酵"和"固体粪污堆肥+污水肥料化利用"的模式处理粪污。

粪污资源化利用环保成本仅为生猪养殖成本的1.1%[①]，对生猪成本的增加影响很小。生猪养殖粪污处理的成本主要包含粪污收集费用、污水处理费用和粪污处理费用，具体包含设备费、设备维修费、人工费、运营水电等费用。全国生猪养殖污水处理每吨环保成本为9.87元，吉林省处理成本最高为每吨15.06元，每吨处理成本比广东高约9元。按每头生猪环保成本计算，全国平均每头生猪的环保成本为14.45元，成本最高为浙江省约20元/头，吉林省最低为9.78元/头（见表2-1）。

污水处理成本是粪污资源化利用成本主体，环保设施建设和环保设备投入是环保费用的主要构成。以河南省三泰农牧科技有限公司为例，年污水处理费用达547548元，约占总体环保成本的六成。粪污收集和固体粪污处理分别占环保成本的27%和15%。分成本科目来看（见图2-1、图2-2），设备折旧和设备维修费占整体环保比例最高，约为50%，人工费占总成本的34%。

---

① 生猪养殖成本按猪平均养殖成本每公斤11元计，生猪出栏重量按120公斤计。

表2-1 各省粪污资源化利用典型模式与成本

调研省份	调研企业	粪污资源化利用模式	经济成本	分省每吨污水环保成本（元/吨）	分省每头生猪环保成本（元/头）
浙江	网易未央（安吉）现代农业产业园	"固体粪污堆肥+污水深度处理"模式	污水处理：7元/吨，20元/头	7.00	20.00
广东	广东药诚生物科技有限公司—广东易康生环保科技有限公司；广东润田肥业有限公司	"粪污专业化能源利用"模式+"污水达标排放"模式	8元/吨	6.00	13.33
	范金树现代化家庭农场	"异位发酵床"模式	10~12.5元/头（育肥）		
	广东壹号土猪有限公司		3~4元/吨，10元/头		
河南	双汇发展郾城农牧有限公司	"固体粪污堆肥+污水肥料利用"模式	25~30元/头	10.08	16.84
	牧原农牧有限公司		15元/头		
	三泰农牧科技有限公司		17.2元/吨，43元/头		
吉林	伊通温氏马鞍山种猪场	"固体粪污堆肥+污水立罐式沼气发酵"模式	13.86~15.01元/吨，7.3元/头（种猪）	15.06	9.78
	吉林精气神有机农业股份有限公司	"固体粪污堆肥+污水肥料利用"模式	15.1元/吨，12.25元/头		
每吨污水处理成本				9.87	分省每头生猪环保成本
每头生猪环保成本				—	14.45

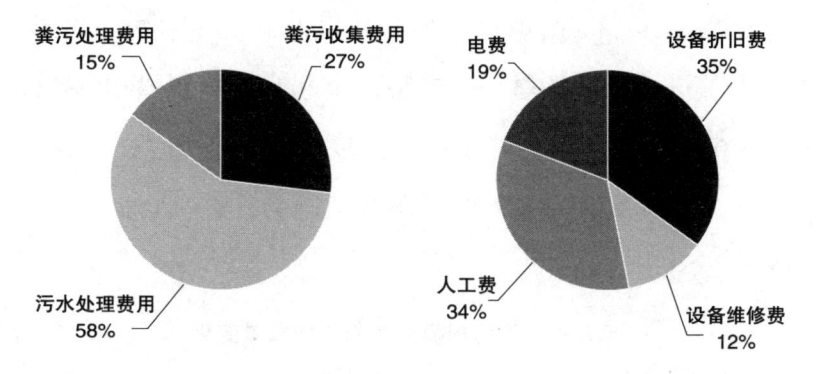

第二章
养殖粪污资源化利用对生猪产业发展影响的调查报告

图2-1 分环节环保成本构成

图2-2 分科目环保成本构成

二、畜禽养殖废弃物处理和资源化利用背景下生猪养殖业变化趋势判断

总体判断，在畜禽粪污资源化利用和治理的浪潮中，生猪产业供给平衡的基本面保持不变，不会出现严重的市场短缺而导致生猪价格大幅波动的局面。本轮生猪产业绿色升级，将有助于提高我国生猪养殖规模化水平、合理调整产业布局、提高行业综合效率，进一步优化生猪养殖产业结构和可持续发展水平。

（一）养殖规模结构

根据国家统计数据可知近年来养殖场大规模化趋势明显。2015年出栏量5万头以上的养殖场比2013年增加59个，

017

同比增长29.21%；3000～4999头以及5000～9999头规模的养殖场也出现了增长的趋势，比2013年分别增加0.37%和2.02%；万头以上养殖场占比较2013年增加了9.11%。根据判断，未来养殖场超大规模化趋势将进一步发展（见表2-2）。

表2-2 不同规模生猪养殖场数量变化

单位：个

年出栏数	2013年		2014年		2015年	
1～49头	49402542	94.79%	46889657	94.65%	44055927	94.62%
50～99头	1619877	3.11%	1571123	3.17%	1479624	3.18%
100～499头	827262	1.59%	810448	1.64%	758834	1.63%
500～999头	175652	0.34%	175213	0.35%	174075	0.37%
1000～2999头	65369	0.13%	66466	0.13%	65171	0.14%
3000～4999头	13355	0.03%	13672	0.03%	13404	0.03%
5000～9999头	7137	0.01%	7304	0.01%	7281	0.02%
10000～49999头	4567	0.01%	4526	0.01%	4388	0.01%
50000头以上	202	0.00%	226	0.00%	261	0.00%
万头以上	—	0.01%	—	0.01%	—	0.01%

数据来源：中国畜牧业统计年鉴

（二）养殖主体

博亚和讯生猪行业分析数据显示，规模养殖场和一体化企业在生猪养殖业中的占比明显提升，散养户显著减少。从2016年起散养户占养殖主体的比例低于50%，2014

年起三年间散养户比例减少9%,同期,规模养殖场和一体化企业占比分别增加5.0个和2.60个百分点,增幅分别达12.5%和100%(见图2-3)。

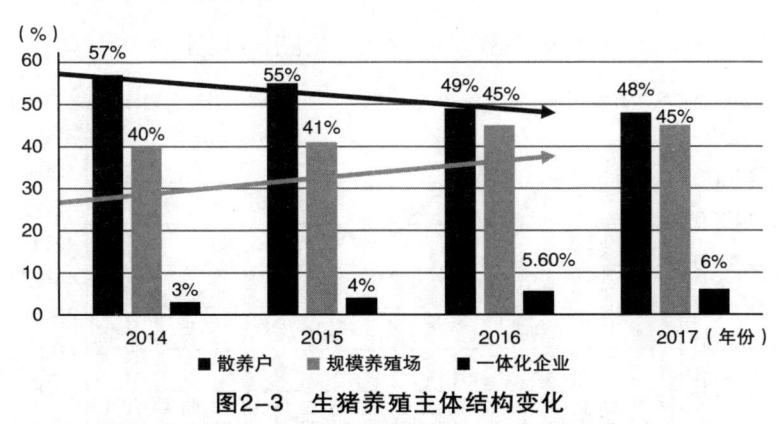

图2-3　生猪养殖主体结构变化

数据来源:博亚和讯生猪行业分析数据

(三)存栏量和屠宰量

从2013年国务院颁布《畜禽规模养殖污染防治条例》以来,生猪养殖业进入了调整期。从国家统计局统计数据看,2013年以来生猪存栏量呈现以年度为单位波动下调的趋势。禁养区小规模企业的关停搬迁带动下,传统养殖区域生猪集中出栏和养殖量迅速减少,同时大规模企业在东北和内蒙古布局,2017年二季度末生猪存栏量同比未出现大幅减少趋势。三季度末生猪存栏量达到波峰后,四季度环比增长率明显小于13~16年平均增幅。2017年底开始禁养限养区关迁效应的终止后，新建猪场对生猪供给的增量效应占据主导地位。从规模以上生猪屠宰企业月度屠宰量数据看，2017年3月开始规模屠宰场的屠宰量呈现同比上涨的趋势，5—6月同比涨幅达24%（见图2-4、图2-5）。

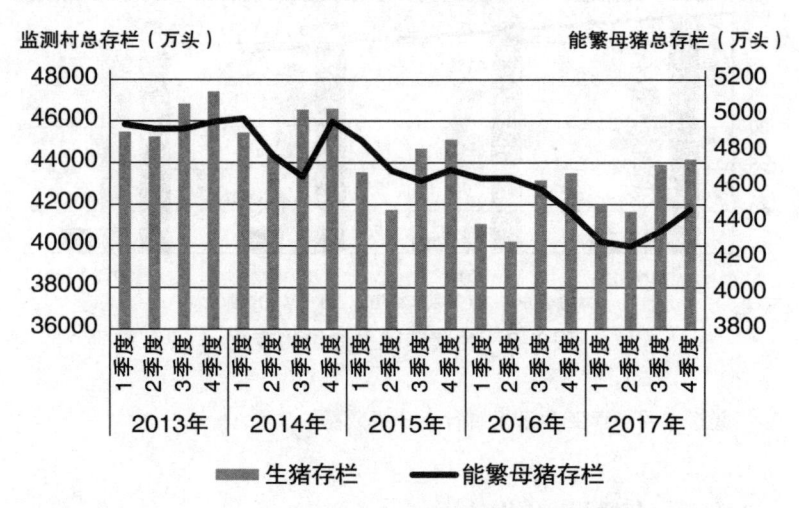

图2-4　2013—2017年农业部定点监测生猪和能繁母猪存栏变动

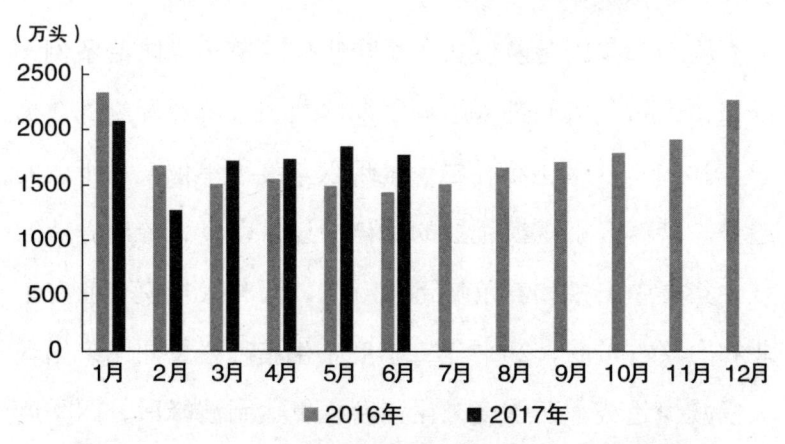

图2-5　2016—2017年规模以上生猪屠宰企业月度屠宰量

（四）价格

2015年开始的价格监测数据显示，仔猪、活猪和猪肉的价格一直处于波动上涨的趋势并于2016年6月到达峰值，随后价格到2016年底降至近波底后开始升高。规模养殖场大范围关闭搬迁过程中大量生猪的集中出栏，导致一段时间内猪肉供应量增加，使得2016年6月至2017年初价格下降。2016年大型生猪养殖企业在东北三省和内蒙古地区新建大规模猪场生猪开始出栏，使得2017年初开始活猪和猪肉价格受影响。而新建猪场的风潮进一步加剧仔猪的需求，使得仔猪价格出现了和生猪、猪肉不一致的价格波动，增长趋势明显。后期随着新建猪场生猪的逐渐出栏以及进口猪肉的影响，猪肉的供应量会增加，价格将面临下行的压力（见图2-6）。

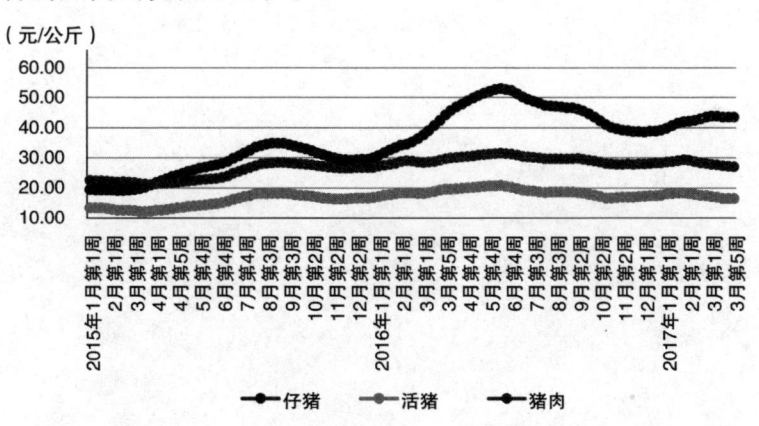

图2-6　2015—2017年仔猪、活猪和猪肉价格波动

（五）生猪调运模式

河南省是我国的生猪养殖大省，历年来承担着生猪外调的任务。2017年1月至6月河南调往外省的生猪量同比上涨57.62%，其中12个省（区）由河南省调入的猪肉量同比增幅超过40%，其中贵州省增幅最大为271.22%，增幅最小为湖北省，同比调入量为33.33%。随着禁养区内规模猪场的关闭或搬迁工作的推进，南方水网地区生猪养殖量进一步减少，未来从东北三省、内蒙古地区以及河南等生猪养殖主产区调往全国各地的生猪及其制品的量仍将增加，"长距离、大调运"的趋势会逐步显现（见表2-3）。

第二章
养殖粪污资源化利用对生猪产业发展影响的调查报告

表2-3 河南省2014—2017年同期生猪外调数量比较

省（区）	2014年	2015年	2016年	2017年	2014年1—6月	2015年1—6月	2016年1—6月	2017年1—6月	增长数（万头）	增幅（%）
四川	250.40	251.42	338.96	306.56	103.97	107.01	93.97	153.28	59.31	63.12%
河北	18.12	27.18	43.36	76.08	12.91	14.06	24.56	38.04	13.48	54.89%
湖北	99.74	90.15	116.24	117.60	39.17	39.44	44.10	58.8	14.70	33.33%
江苏	263.61	300.56	303.01	361.42	109.88	158.61	127.61	180.71	53.10	41.61%
广西	0.72	1.53	2.01	3.34	0.44	1.23	1.00	1.67	0.67	67.00%
湖南	18.97	23.65	27.58	31.58	3.89	8.14	7.84	15.79	7.95	101.40%
山东	108.72	167.30	118.47	222.46	59.00	95.96	50.55	111.23	60.68	120.04%
安徽	268.26	278.19	337.72	403.34	113.00	132.74	134.97	201.67	66.70	49.42%
浙江	38.19	84.64	74.29	82.56	10.29	53.46	29.36	41.28	11.92	40.60%
山西	7.19	18.90	42.00	44.78	4.24	7.57	14.84	22.39	7.55	50.88%
广东	8.32	16.35	19.43	31.24	3.80	10.14	10.59	15.62	5.03	47.50%
陕西	112.75	99.35	94.87	108.96	44.66	50.69	36.98	54.48	17.50	47.32%
贵州	20.13	21.43	53.45	95.18	9.54	7.82	12.82	47.59	34.77	271.22%

023

（六）养殖区域和产业结构

传统生猪优势区大多是粮食主产区，我国传统生猪养殖主要集中在长江流域、中原、东北和两广等地区。随着粮食主产区的北移以及粪便资源化利用要求下的种养结合生产模式，我国生猪养殖区域也明显北移。2016年以来，各大型养殖企业新建的猪场主要分布在东北、华北和内蒙古地区。东北、华北等地作为我国玉米的重要生产区域，能够给生猪企业提供优质的饲料，同时大规模的种植用地可以帮助养殖企业就地就近消纳养殖过程中产生的粪便和沼液肥料，真正实现种养结合。

（七）生产效率

受惠于规模养殖场建设等扶持政策，我国大型养殖企业生猪生产效率提升显著。目前，已经调研的温氏、牧原、雏鹰、双汇等养殖龙头企业的每头母猪提供断奶仔猪的数量（PSY）能基本达到22~24头，最高可达25头，平均较前些年提高了30%左右。此外，育肥猪的饲料转化率和每头能繁母猪年提供商品猪（MSY）这两项指标也有相应提高。随着小型生猪养殖企业和散户陆续退出生猪养殖市场，规模企业生产占比进一步提高，行业整体生产效率将会进一步提升。

三、畜禽养殖废弃物处理和资源化利用中存在的问题

随着居民动物性产品需求的大幅度提升，畜牧业发展迅速，但依旧有近三分之二的畜禽处于散养状态，环境压力大。根据《全国第一次污染源普查公报》显示，畜禽粪污成为农业面源污染的主要来源：化学需氧量占农业源排放总量的96%；总氮和总磷排放量分别占农业源排放总量的38%和56%。全国有24个省份畜禽养殖场（户）化学需氧量排放量占到本省农业源排放总量的90%以上。

随着国家对环保问题的高度重视，社会公众对加强畜禽污染防治、保护生态环境达成共识，全社会关注支持畜禽养殖废弃物资源化利用的氛围初步形成。在政策支持和市场倒逼形势下，粪污处理设施设备不断完善，治理机制逐步健全，畜禽粪污资源化利用水平持续提高，综合利用率从2012年的50%提高到2015年的近60%。2015年畜禽养殖化学需氧量、氨氮排放量比2010年降幅分别达11.5%和15.4%。但需认识到，当前畜禽养殖废弃物处理与资源化利用仍存在以下问题：

（一）小规模、大群体，废弃物资源化利用能力低下

当前，我国养殖业依然处于小规模、大群体状态，散户和中小规模养殖场占养殖场总数的比例极高。据《中国畜牧业年鉴》统计显示，2015年年出栏500头以下非规模养殖场占总量的99.43%，非规模养殖场的出栏量约占出栏总数的80%，全国前十大养猪企业市场占有率仅为4%~5%。另外，散户的废弃物资源化能力比较低下，粪污处理设备购置资金缺乏，购置意愿低下。根据对全国畜禽标准化示范场的调研结果显示，规模化养殖场堆肥和沼气施舍的比例分别仅为35%和26%。在畜禽养殖污染治理和防治工作主要针对的是规模养殖场的背景下，废弃物资源化利用总体能力偏低问题突出。

（二）种养主体分离、空间错位、规模不匹配，有机肥还田难

首先，种养主体分离，有机肥无处"还"。过去，农民既种地又养猪，自家种的几亩地能够很好地消纳自家养的几头猪的粪尿排泄物。随着规模养殖发展，传统散养户逐步退出，养殖与种植分成两类主体，养猪的不种地，种地的不养猪，隔绝了粪便还田的通道。其次，种植和养殖

规模不匹配以及空间错位的现状导致畜禽粪肥还田难题依然并将持续存在。此外，与化肥相比，有机肥施用成本高、见效慢，粪肥、沼肥等生产技术、产品和检测标准不完善，加之农村缺乏劳动力，农民使用有机肥的积极性不高。发酵后的沼液不能及时还田，一来增加了处理厂的存储压力，二来迫使部分处理厂选择达标使用的模式，既增加了处理成本，也浪费了沼液中的肥力。

（三）资源化利用引导及优惠政策实施省份少，惠及主体有限

尽管自2014年1月1日起施行的《畜禽规模养殖污染防治条例》中指出，对从事利用畜禽养殖废弃物进行有机肥产品生产经营等畜禽养殖废弃物综合利用活动、利用畜禽养殖废弃物生产有机肥产品以及购买商品有机肥料的对象给予优惠政策，但我国尚未形成以绿色发展为导向的农业补贴政策。2016年起仅上海、北京、浙江、福建、天津等部分地区制定了商品有机肥补贴标准，补贴金额为每吨200～456元。绝大部分省（区、市）的补贴倾向于大规模种植户、高标准现代化果园等规模经营主体，如天津武清区要求农业经营主体购肥数量不得低于50吨，福建要求经营主体面积不低于50亩。

（四）新建养殖用地获批难，禁养区内养殖企业无处可迁，无地可建

随着禁养区内规模养殖场关闭或搬迁截止日期的临近，多地规模养殖企业面临原场拆迁、新址批不下来的尴尬局面。根据自然资源部制定的《全国土地分类》和《关于养殖占地如何处理的请示》规定：养殖用地属于农业用地，其上建造养殖用房不需审批。在不破坏耕作层的前提下，土地承包人可以自主决定将耕地用于养殖业。养殖场的生活和管理房、储存饲料的房间以及硬化道等设施都属于永久性建筑物，要按照村集体建设用地管理，依法办理农用地专用审批手续。然而规模养殖企业在交付几千万元环保费用以及新建场区环评通过的前提下，新建养殖场审批长时间没能获取的案例不在少数。

（五）大型养殖企业新场扩展迅速，北方环境容量待综合评估，生猪供给量关拆后陡增风险突出

在畜禽废弃物处理和资源化利用推进，小规模养殖场被迫退出养殖业的浪潮中，大规模企业迅速向北方新建养殖场，扩展自身的养猪业业务。广东温氏集团、河南雏鹰农牧集团、河南牧原集团、正邦等生猪养殖巨头纷纷在华

北、东北、内蒙古等北方地区布局。以牧原为例，2016年初至今，仅牧原一家企业已成立18家子公司，其中7家已投产运营，根据牧原公司发展规划，未来公司总量50%以上计划布局在东北三省和内蒙古东部地区。新建生猪养殖场粪污处理和资源化利用模式是否符合北方地区，北方土地能否消纳新建大型养殖场的粪污总量，未来生猪供应量的大幅增加等风险都需要综合的科学评估。

（六）排污费和粪污资源化利用费用，双份环保费用加重养殖企业负担

根据《排污费征收使用管理条例》以及各地的《排污费征收使用管理条例》，各级环保行政主管部门向污染排放的企业依规征收排污费。按照规定，猪的污染当量值为1，企业需要交纳所在地环保部门规定的排污费，主要集中在0.7～1.4元/头。然而，随着规模企业畜禽粪污处理和资源化利用实施的建设，继续收取排污费产生双重收费的结果，将加剧企业环保成本，加重企业环保负担。

（七）沼液、沼气、有机肥等资源化利用产物缺乏产品标准和检测标准

有机肥、沼液等粪污综合利用产物的商品化直接影响企业对于畜禽粪污资源化利用的积极性以及可持续性，这就要求有机肥、沼液具有标准性和稳定性，需要畜禽粪污资源利用企业按照标准生产、销售有机肥和沼液等产品。当前对于直接向环境排放的畜禽粪污水已经有相关的排放标准，但是沼液、沼气、有机肥三类粪污综合利用产物依然缺乏相应的产品质量标准和检测标准。

四、政策建议

（一）实施标准化规模养殖，改造畜禽养殖场，实现源头减量

推进适度规模养殖，鼓励发展种养结合型生态养殖模式。对现有养殖场改造，推广雨污分流、干湿分离和设施化处理技术，从源头上减少污染物的产生，减轻污染物的处理利用压力。开展污染物峰值控制管理，以奖代罚，给予实现污染物减量的企业一定的奖励。

（二）建立粪污资源化利用有效运营机制，实现处理产业化

坚持政府支持、企业主体、市场化运作的方针，在畜禽养殖密度大的畜禽养殖粪污综合利用试点县，探索粪污

综合利用的PPP模式。提高有机肥的商品化率，大规模沼气生产工程尽快并入当地电网。鼓励规模养殖场建设粪污无害化处理中心，养殖密度大的地区引导建立区域性废弃物处理中心。

（三）制定有机肥、沼液和沼气治理标准及还田标准

根据不同作物对肥料的需求差异，研究制定适用于不同种植模式的有机肥、沼液和沼气的产品标准，规范资源化利用产物的治理标准，杜绝通过有机肥、沼液等产品的病原传播。研究产品标准的检测标准和快速检测方法，保障有机肥等产品的治理安全。

（四）综合评估东北环境容量、新增生猪产业布局和规模

综合评价东北黑龙江等生猪产业承接地的环境容量，集合种植业规模和特点，规划新增产能在东北的布局和规模。严防生猪供给量陡增对东北整体和局部环境带来的超负荷影响。

（五）建立以绿色发展为导向的政策补贴机制

对标准化规模养殖场的猪舍绿色升级改造、大型规模养殖场粪污资源化利用设施建设和设备购置提供不低于50%

的补助。对使用有机肥的种植户和有机肥生产企业按照使用数量的多少提供相应的补贴。将小型有机肥施肥器械纳入国家农业机械补贴目录。

（六）鼓励和引导猪肉产品的多元化供给方式

引导肉制品加工企业在生猪养殖主产地就地加工多元化猪肉制品。扶持生鲜冷链运输行业发展，备战新鲜猪肉及猪肉制品调运，对于冷鲜肉的运输根据实际运输半径和运输量给予一定的补贴和税收减免优惠。加强疫病管理，严格控制活猪的大规模长距离调运。

第二章
养殖粪污资源化利用对生猪产业发展影响的调查报告

>> 附件一

调研企业生猪粪污资源化利用模式简介

网易未央（安吉）现代农业产业园，通过集中收集排泄物，缩短排泄物在猪舍内的停留时间，始终保持猪舍的干净清洁。高床猪舍的栅格地板下面，是自主研发的猪马桶，虹吸作用把猪的排泄物吸入地下管道，达到源头节水的目的。废水、废气、废渣，在环保处理中心经历多级沉淀—分解—过滤，最终废水净化为清水，用来冲洗猪舍和猪用抽水马桶，实现水的循环利用；废渣和污泥转化为生物肥，给猪场的农作物施肥，改良新开垦的田地。

广东筠诚生物科技有限公司是温氏成员企业筠诚控股属下全资子公司，是一家专业从事环保工程设计施工、环保设备研发销售、环保托管运营服务及生物有机肥料研发生产及废水处理全套业务的现代高新生物科技企业。旗下易康生科技有限公司，已经承建了近300家猪场废水处理系统示范项目，结合猪场粪污收集方式，公司提供水泡粪、刮粪、干清粪处理工艺和北方还田工艺，前三种处理完的废水符合《畜禽养殖业污染物排放标准》《污水综合排放标准》的一级标准，可直接循环利用或还田灌溉，固体粪便则用于生产有机肥料。

范金树现代化家庭农场是与温氏企业建立"企业+养殖户"养殖模式，年出栏量约2300头生猪的现代家庭农场。猪舍建筑面积1100平方米，项目投入建设资金120万元，采用高床养殖的模式，喂料、清粪、水泥漏缝板、温控均采用自动化控制。粪污处理采用"异位发酵床"模式。粪污通过漏缝地板进入底层后转移到舍外，利用"降解床+自动翻耙机"进行发酵降解处理形成有机肥，粪污经处理可达到零排放。

郾城农场是双汇集团的养殖场，猪舍清理出干清粪，采用"固体粪污堆肥+污水肥料化利用"的模式，处理过程中产生的沼气供污水处理场和养猪场利用，处理后的污水作为液态肥料经铺设好的管道提供给附近的种植户。

方城牧原农牧有限公司是牧原食品股份有限公司投资的全资子公司，实施"全自养、大规模、一体化"的生猪养殖经营模式。在粪污治理方面，通过全漏缝地板、限位饮水器、高压水枪冲洗圈舍、水表计量和电脑控制温度等措施从源头上做到节水，整个养殖环可节约用水至少3000升。采用"固体粪污堆肥+污水肥料化利用"的模式，发酵消毒处理后的沼液和产生的有机肥实现还田循环利用。

温氏集团于2011年8月进驻东北地区发展，5年来在辽宁、内蒙古、吉林区域累计投资逾20亿元。东北温氏以"机械化、自动化、高效化、生态化"为发展方向，建设欧式和美式现代高效工厂化猪场，马鞍山种猪场占地300多亩，拥有9万头仔猪生产线，4500头母猪。养殖废弃物采用立罐式大型沼气模式的环保工艺，达到零排放。

吉林省精气神有机农业股份有限公司是集山黑猪种猪繁育、商品猪养殖、饲料生产、屠宰分割、肉制品研发加工、销售和带动农户经营于一体的股份制有限企业，是农业产业化省级重点龙头企业。2016年公司出栏山黑猪商品猪10万头，生产冷鲜肉8000吨。环保工艺采取将粪污经过干湿分离机分离后，干粪用EM菌进行无害化处理、腐熟的有机物料还田，尿液进行环保袋储存经过三级暴氧还田，实现"粪肥还田、零排放、无污染"的生态环保目标。

以南方水网地区为主的省份，有力推进中小规模生猪养殖企业以及生猪养殖散户的关停工作，截至2017年9月，浙江省关停养殖场（户）5万余家，占全省生猪养殖场户数的57%；上海市关停养殖场（户）数占全省生猪养殖场户数的45%。全国禁养区和限养区内规模养殖企业的搬迁工作也同步推进，截至2017年9月，河南省和广东省分别完成关闭或搬迁禁养区内规模养殖场1665个和3万余个，分别占全省养殖场数量的5.3%和4.2%。

第三章

生猪产业绿色升级发展研究报告

当前，生猪产业发展面临市场和环境的双重挑战。一方面，随着居民消费水平的稳步提升，膳食结构不断优化，对生猪产业绿色升级提出了外部需求；另一方面，同业竞争、国外猪肉产品进入中国市场，以及环保压力迫使生猪产业打响了"绿色转型攻坚战"，是生猪产业绿色升级的内部驱动力。猪肉历来是我国居民的重要食物，它能够提供优质动物性蛋白，生猪产业绿色升级对促进产业可持续发展、推动畜牧业供给侧结构性改革、保障居民营养健康具有重大意义。

在环保的重压下，南方水网地区有力推进关停小规模生猪养殖场/户工作，对生猪的供给产生了一定影响。生猪养殖龙头企业基于对市场的灵敏嗅觉，提前布局东北三省和内蒙古地区，成为今后生猪新增产能的主要来源。为了解当前生猪产业绿色升级最新状况及其对猪肉供给的影响，畜牧业有效供给安全保障课题组对生猪生产大省、南方水网地区生猪产业调整省份以及东北生猪产业承接代表省份开展实地调研，以畜禽废弃物治理为切入点，以猪肉消费转型升级、生产方式调整优化为新亮点，根据实地调研和数据分析，对生猪产业绿色升级现状进行了客观深入分析，并提出了相应的政策建议。从整体上判断，在畜禽粪污资源化利用和治理浪潮中，生猪产业供给平衡的基本面保持不变，不会出现严重的市场短缺而导致生猪价格大幅波动的局面。本轮生猪产业绿色升级，将有助于提高我国生猪养殖规模化水平、合理调整产业布局、提高行业生产效率，进一步优化生猪养殖产业结构和可持续发展水平。

一、生猪产业绿色升级的四大变革

（一）产业布局重大调整

当前，生猪产业布局已由资源成本驱动型向环保与成本双重驱动型发展，南猪北养模式不断推进，种养结合的生猪养殖模式将成为未来养殖模式的主流。为推动南方水网地区生猪养殖与环境保护协调发展，减少养殖业对水资源的污染，优化南方水网地区生猪养殖区域布局，生猪养殖整体北移已成定局。自2013年11月以来，随着《畜禽规模养殖污染防治条例》《关于促进南方水网地区生猪养殖布局调整优化的指导意见》等政策法规相继实施，全国开展了畜禽废弃物治理和资源化利用整治及养殖场升级改造工作，农业面源污染整治力度不断加大。截至2017年9月，浙江省和上海市累计关停规模生猪养殖场分别占本省/市养殖总量的45%和57%，广东省关停养殖场户数3万余家。

与此同时，生猪养殖企业产业布局北移明显。以广东温氏、河南牧原、河南雏鹰、江西正邦、北京大北农、山东新希望六家龙头企业为代表的养殖企业纷纷在东北三省和内蒙古地区布局。据不完全统计，截至2020年，东北三省和内蒙古地区计划新建生猪产能4650万头，按布局新增产能50%投产的比例计算，未来4年新增生猪产能可达到2020年生猪出栏量的32.5%。

（二）生产方式重大转变

随着我国生猪产业的快速转型，生猪生产方式发生明显转变。散户养殖退出加快，规模化养殖快速提升。2016年我国生猪年出栏50头以下的只占26.2%，比2010年下降9.3个百分点；年出栏100头以上占63.0%，比2010年提高11.2个百分点。生猪生产方式逐步由粗放型向集约化发展，养殖技术、生产效率逐步提升。每头母猪每年提供断奶仔猪头数（PSY）最高达到24～25头，每年每头母猪出栏肥猪头数（MSY）最高达到18.5头。随着生猪生产规模化程度的逐步提升，发展模式呈多元化，种养结合、农牧循环成为新趋势。"企业+家庭农场（或养殖大户）"、企业自繁自育、企业全产业链经营、"企业+业主+农户"、"合作社+农户"以及运用互联网优势探索的众筹众创企业融合模式等多元化的发展模式不断涌现，其中"企业+家庭农场（或养殖大户）"的模式成为当前生猪产业发展的主导，"猪+沼+果（茶）"等种养结合农牧循环的生猪养殖方式成为新趋势。

（三）环保治理重大责任

大量畜禽养殖废弃物尚未得到有效处理和利用，成为农村面源污染的主要来源，抓好畜禽养殖废弃物资源化利用，关系到畜产品的有效供给，更关系到生态环境治理。畜牧业已进入环境约束与治理的关键期。同时，经过多年的持续发展，我国畜牧业综合生产能力大幅度提升，供求平衡保障能力有较大的回旋空间，现阶段是开展养殖业环境治理的最佳窗口期，为生猪产业绿色升级提供了难得的机遇。在政策支持和市场倒逼形势下，粪污处理设施设备不断完善，治理机制逐步健全，畜禽粪污资源化利用水平持续提高，综合利用率从2012年的50%提高到2015年的近60%。2015年畜禽养殖化学需氧量、氨氮排放量比2010年降幅分别达11.5%和15.4%。我国生猪养殖业2015年向环境中排放氮元素204万吨、磷元素136万吨，分别占畜牧行业氮元素和磷元素总排放量的38%和36%。因此，实施猪粪资源化利用就是抓住了全国畜禽粪污资源化利用的"牛鼻子"。

（四）消费结构发生重大变化

近年来，我国居民猪肉消费结构发生重大变化，主要表现在两个方面。一是肉类消费占比发生变化，猪肉消费在肉类消费总量中的占比呈下降趋势。国家统计局数据显示，我国猪肉消费总量占肉类消费总量比例已从1996年的68.9%，下降到2015年的63.6%。之后，随着奶类、禽肉类等其他动物性产品的消费增长，猪肉消费占比在短期内有继续下降的趋势。二是猪肉品质结构发生变化，中高端猪肉需求显现。随着我国经济社会的快速发展和人民生活水平的逐年改善，我国居民食物消费水平也在逐步提高。从供给关系来看，我国猪肉的数量已经可以满足居民的消费需求，居民开始更多地对猪肉的安全性、口感、营养、便利性等品质提出更高要求，我国居民对特色猪肉的消费需求不断增长。从调研数据显示，2016年我国特色猪肉消费占全部猪肉消费量的2%，并呈快速增长趋势。

二、生猪产业绿色升级的四大新趋势

（一）活猪、鲜肉、肉制品多元结构是产销对接的新途径

在生猪产业规模化养殖加速和环保压力下，生猪产业区域布局调整明显，未来实现生猪产区和销区的有效对接成为保障居民猪肉供给的新瓶颈。由于我国居民有食用热鲜肉的习惯，所以长期以来活猪和热鲜肉的调运是产销对接的主要形式。随着生猪产业布局和人们生活习惯的改变，这种形式在逐渐发生变化。根据调研情况来看，活猪、鲜肉、肉制品多元结构产销对接的新途径已初步形成。

在此情况下，活猪的调运既不利于动物防疫，也增加了物流成本。由活猪和热鲜肉的调运转向冷鲜肉和肉制品的调运应成为未来产销对接的主要变化形式。此外，随着冷链物流行业的迅速发展，冷鲜肉和肉制品的运输将变得便利化。

（二）"企业+家庭农场"是生猪养殖的新形式

"企业+家庭农场"的养殖模式，一般由企业引进种

猪，繁育仔猪，通过与农户签订协议，确定收购生猪价格等具体条例，委托农户养殖仔猪出栏育肥猪，在养殖过程中，企业负责饲料和兽药供应、疫病防控等。"企业+家庭农场"的养殖模式正逐步成为主流模式，目前温氏、正大、襄大等都是这种模式。该模式具有降低市场风险，企业和农户分工细化、联结紧密、优势互补，降低企业成本，便于获得政府支持，养殖规模合理化，降低粪污处理难度等优势。以广州温氏集团为例，企业通过与家庭养猪户签订协议，每批出栏约2000头猪，每年出栏两批，温氏采用"统一供种、统一防疫、统一进苗、统一用料、统一销售"的运营模式，形成了完整的产、供、销一体化产业链运作方式，降低了劳动成本，实现了公司与家庭农场双方优势互补与合作共赢。"企业+家庭农场"的合作模式，实现了各个环节的无缝对接，极大地提高了生猪生产效率。

（三）环保和运输是养殖成本的新增量

总体推算，未来环保和运输成本的增加约占当前生猪养殖成本的3.1%。调研显示，粪污资源化利用环保成本为平均每头14.45元，约占生猪养殖成本的1.1%。从处理环节来看，污水处理费用占总环保成本比例最高约为60%。调研省份生猪养殖污水处理平均每吨成本为9.87元，且呈现北方高于南方的现状。从成本构成来看，设备折旧和设备维修费占整体环保比例最高，约为50%。未来，随着技术水平提高，处理效率提升，有机肥等终端产品商品化，生猪废弃物环保成本仍有降低空间，但一次性高额的设备投入对于数量众多的适度规模养殖主体来说，资金压力依然较大。猪粪资源化利用工艺和有机肥利用情况由于地区差异存在极大差别。东北地区由于气候寒冷，冬季有机肥发酵难度大。同时与一年一熟的种植制度相匹配，有机肥的年度需求频率低，有机肥储存压力明显大于南方地区。另外，随着产业空间结构的调整，"长距离、大调运"形式的出现，运输成本的增加成为必然。调研显示，当前冷链陆运平均每公斤猪肉百公里运费为0.29元，每头生猪冷链陆运成本约为24.38元；航空冷链平均每公斤猪肉百公里运费为0.32元，每头生猪冷链空运成本约为27.3元。每头生猪冷链运输成本占其养殖成本的2%左右。

（四）拐点出现是猪肉消费的新态势

整体判断，2020—2030年猪肉消费将出现拐点。首先，基于我国猪肉分区消费预测结果判断：结合农业生产结构和膳食模式特征，将我国划分为六大特色膳食区域，以不同膳食区域居民猪肉消费数据和历史趋势为依据，结合联合国2030年人口预测数据,可以预测2030年我国猪肉消费需求为5846万吨,人均表观消费量为41.4公斤/年。其次,从我国大城市肉类品类替代趋势判断,未来部分猪肉消费量将被牛羊肉和禽肉替代,不会出现持续需求上涨的趋势。2016年上海市在保持肉类消费总量基本持平情况下,肉类消费结构发生了显著变化,猪肉消费量同比下降3%,牛肉、羊肉和禽肉消费量分别同比上涨10.5%、7.0%和3.0%。最后,从与我国膳食结构和人体营养需求基本一致的国家和地区肉类消费规律判断:新加坡、日本猪肉消费均已经出现了拐点。借鉴日本、新加坡等同等经济发展阶段人均猪肉的消费变化趋势,对未来我国动物产品消费趋势展开预测,总体判断,2020—2030年我国猪肉消费量将出现拐点,猪肉消费量出现下降趋势。猪肉消费拐点的出现,势必影响我国生猪产业升级和区域布局,同时对其他动物性产品的生产结构产生一定影响。

三、确保生猪产业绿色升级的四项建议

(一)科学布局新增产能,推动产销多元化对接

一是综合评估东北环境容量,合理布局新增产能,保障产业可持续发展。对东北三省和内蒙古地区等生猪产

业承接地，以县为单位开展环境容量综合评估。综合考虑消纳能力、地理位置、生态环境敏感性等因素，结合种植业的发展现状及趋势，制定县级土地承载能力测算标准，以此确定畜禽适宜养殖规模和产业布局，合理规划新增产能在东北的布局。二是引导适度规模生产。合理控制新增生猪养殖场规模，引导适度规模生产，匹配养殖规模和地方消纳水平，平衡新增产能和消减产能。三是扶持冷链行业发展，保障产销对接和供需平衡。扶持冷链运输行业发展，引导社会资本参与终端冷藏设备的运营和管理。重建新增产能北移后产销地区合理对接和供给平衡调控模式。四是引导肉类加工企业在生猪养殖大省就近布局。在生猪养殖省份就地加工多元化猪肉制品，以运输种类丰富的猪肉制品减少部分活猪或生鲜猪肉的长距离运输，降低生猪在运输销售过程中的疫病风险。

（二）优化产业发展模式，完善社会化服务组织

一是强化政策扶持力度并发挥龙头企业带动作用，促进产业化联合体发展。加大对生猪养殖企业的用地、资金等政策支持，充分发挥生猪养殖龙头企业示范带头作用，逐步规范企业与农户的利益联结机制，提高生猪产业化发展水平。探索"互联网+"等新型产业发展模式，充分发挥

"互联网+"的优势，实现优化生产要素、创新发展体系、重构商业模式等，促进生猪产业联合体发展，推进生猪产业转型和升级。加强科研服务体系建设。二是完善科研、教学和推广机构联合机制，提升生猪产学研服务水平。实现院校专家与基层农技力量有机结合，技术服务与生猪养殖户需求有效对接，着力培育高效全面的经营性服务组织。鼓励相关组织、企业和个人发挥自有优势，成立专业服务公司，为生猪生产经营提供全程服务。构建社会化服务平台，对接社会化服务的供需方，逐步形成各类服务组织与经营主体的稳定利益联结体系。

（三）持续推进生猪粪污资源化利用水平

一是坚持源头减量，降低处理压力。大力发展标准化规模养殖，推广雨污分流、异位发酵床、节水型饮水器、饮水分流装置等清洁养殖工艺和实用技术，推行标准化和规范化饲养，推广散装饲料和精准配方，提高饲料转化效率，从源头上减少废弃物产生。二是加强过程控制，提升粪污治理水平，进一步降低治理成本。鼓励种养结合的适度规模养殖，探索各地区最经济有效的资源化利用模式，开展猪舍粪污集中收集、粪污高效转运、固肥堆积发酵、液体就近还田等工艺，提高粪污终端利用的效率和效果。

三是完善终端利用产品的系列标准。研究制定以商品形式流通的有机肥、沼液、沼气的产品行业标准，以及相对应的行业检测标准和快速检测方法，规范行业生产、保障流通产品的稳定性和标准性。四是构建绿色发展为导向的财税补贴机制。对标准化规模养殖场猪舍的绿色升级改造和废弃物处理设备购置、商品有机肥生产企业、商品有机肥使用主体给予合理的补贴与免税政策，将有机肥施肥器械纳入国家农业机械补贴目录。五是引入社会资本，推动PPP模式下的专业化废弃物治理发展。利用收取的畜禽粪污排放费设立废弃物资源化利用专项基金，积极引入社会资本参与废弃物资源化利用项目，遴选一批拥有先进技术的专业化环保治理社会主体，推动废弃物治理产业化、市场化发展。

（四）促进猪肉消费持续升级转型

一是加大地方优质猪种保护和品种遗传改良进程。对参与优质猪种保护和改良的企业给予一定政策支持或补贴优惠。二是建立优质猪肉评价国家标准。明确黑猪、土猪定义，通过标准制定、标识分类、品质认证，建立优质猪肉评价体系。三是对不同地区和人群制定针对性方案。加强优质猪肉宣传推广活动，构建优质、营养、健康、绿色的消费制度体系，从消费端撬动优质猪肉市场，提高消费者对优质猪肉制品的认知和消费意识。四是规范标识、严格监管。依法规范放心猪肉、无公害猪肉、无抗猪肉、有机猪肉、品牌猪肉等认证体系或标签标识，加强对企业和市场的监管，严控肉品品质，加强品牌推广，助推产业发展。

第四章

需求引导下生猪粪污资源化利用建议

粪污资源化利用是有效解决养殖污染的重要举措,对改善养殖区域生态环境、推进畜牧业绿色转型升级具有重要意义。相对其他畜种,生猪粪污量大、污染面广,尤其是大规模养殖场污水量大且处理难,消纳能力受季节制约明显,是当前养殖污染治理的重中之重。为探究生猪粪污资源化利用的有效机制与方式,课题组分别针对养殖户、种植户、第三方环保企业、消费者以及相关政府管理部门进行系统调研,调研区域包括浙江、广东、山东、吉林、湖南、湖北等地,调研与数据分析结果表明,消费者愿意为施用有机肥产品支付溢价可以带动种植环节、粪污资源化利用环节有收益,推广使用有机肥是一条解决生猪粪污染的有效途径。

一、生猪粪污资源化利用中面临的问题与瓶颈

（一）种养主体分离且规模不匹配，粪肥还田难

种养主体分离、空间错位以及集约化程度不同导致的规模难匹配是现阶段粪肥还田难的重要原因之一。专业化、规模化养殖企业的产生打破了传统既种又养的小农模式，隔绝了粪便还田的自然通道。从土地类型上看，规模养殖场属于设施农用地，其建设往往没有考虑环保因素，养殖场周边没有配备充足的消纳耕地，使得养殖和种植空间上产生错位，加剧了还田的难度。现实中，大规模养殖企业的高度集约化使得许多养殖大县/镇/地区的养殖量远远超出环境承载量。按照农业农村部发布的《畜禽粪污土地承载力测算技术指南》中推荐的畜禽适宜承载力标准，以水稻田为例，2000头存栏猪场粪肥全部就地利用所需的水稻田面积为454亩，这在现实中地块普遍分割的农村往往是很难实现的。

（二）有机肥施用不便且成本较高，种植户使用有机肥积极性不高

与化肥相比，有机肥施用成本高、见效慢，受地形约

束明显，山地、坡地等区域施用难度大，加之配套施用器械缺乏、使用量大以及存在使用发酵时间不足的有机肥引起烧苗等问题，种植户使用有机肥意愿普遍较低，粪污全量还田的最后一公里问题始终难以突破。此外，当前有机肥替代化肥试点工作中，普遍采用低价中标的原则，使得竞价单位不断压价，导致中标有机肥质量普遍低于市场有机肥，种植户也没有充分认识到有机肥的好处，在没有看到成功应用案例的情况下，不愿意施用有机肥及沼液等粪污资源化利用产品。从整体上看，有机肥自身肥效问题、施用有机肥的不便利性以及随之带来的生产成本增加是造成种植户使用意愿不强的主要原因。

（三）粪污资源化利用经济效益差，养殖企业与第三方环保企业参与积极性低

第三方环保企业掌握粪污处理技术与终端产物销售渠道，能够为养殖企业粪污处理提供技术甚至运营支持，是推进粪污资源化利用的重要主体。从吉林省粪污资源化利用试点县调研来看，尽管当前试点县政府在积极吸引第三方环保企业参与粪污资源化利用整县推进试点项目中，由于目前种植户使用有机肥的数量有限、有机肥原料供给不稳定性及原料价格波动可能性大、终端产物销售渠道不稳定且利润低等现实问题，绝大多数环保企业仍保持观望态度。对养殖企业而言，受有机肥加工投入产出比低、当前成熟的有机肥加工技术配套设备一次性投入高、短期难见经济效益以及单个养殖场处理量有限，难以实现规模效益等因素影响，粪污资源化利用投入积极性也不高。

（四）引导政策缺乏合力，粪污资源化利用全链条推力不足

从现有政策梳理来看，以种植主体和养殖主体为对象的引导政策缺乏协同作用，目前没有充分发挥出政策合力。一是试点项目区域上的不匹配。果菜茶有机肥替代化肥试点工作的实施区域是果菜茶优势产区、核心产区的重点县（区、市），以及畜禽养殖大县（区、市），而畜禽粪污资源化利用试点项目的实施主体在畜禽养殖大县。在2017年果菜茶有机肥替代化肥示范县中，内蒙古、吉林、黑龙江等"南猪北养"后，未承接生猪产业承接区域所负责的试点县（区、市）。二是导致种养结合思路在不同项目中没有完全体现的深层次原因是两类项目分别隶属于畜牧和种植部门管理，缺乏更高层次的联协机制，使得政策合力没有得到充分发挥。

二、生猪粪污资源化利用思路与可行性分析

（一）推进思路

充分发挥市场机制和政府引导的双重作用，推广使用"有机肥"农产品标识，挖掘"有机肥"农产品附加价值，提高种植户施用有机肥的积极性，增加生猪粪污资源化利用效益，破解种养结合的制约瓶颈。

（二）可行性分析

1. 从土地承载力上看，当前耕地可消纳生猪粪污

当前生猪年出栏量为6.9亿头，年固液粪污总产生量约为7.2亿吨，其中氮养分供给量为479.5万吨，折合成氮肥为1026.8万吨，占当前全年氮肥施用量的44.44%；磷养分供给量为82.2万吨，折合成磷肥为178.7万吨，占当前全年磷肥施用量的21.5%。根据《畜禽粪污土地承载力测算技术指南》标准，以氮为基础，粪肥比例为50%，在当季利用率为25%的条件下，62275万亩蔬菜可以消纳生猪粪污转化的有机肥，是当前蔬菜种植面积的1.38倍。同理，当前播种面积2.3倍的水果可消纳生猪粪肥。以磷为基础，粪肥比例为50%，在当季利用率为30%的条件下，当前蔬菜播种面积的

97%或者水果播种面积的1.48倍可消纳生猪粪污转化的有机肥。因此，加上适当面积的小麦、水稻耕地，在蔬菜、水果等多种作物联合消纳的状态下，我国耕地可以消纳生猪粪肥。

2. 从种植户来看，有机肥部分替代化肥，经济效益更高

从湖南省麻阳苗族自治县冰糖橙种植基地调研情况分析，通过有机肥部分替代化肥，不仅可以明显改善土壤地力，而且经济效益也提高了。该基地柑橘园每亩地纯化肥需要量在100~150公斤，在减少化肥使用量50%的情况下，每亩地需要增加优质商品有机肥200~300公斤，总体肥料投入增加125元，冰糖橙由于产品品质提高单价上涨0.5元/斤，则每亩地收益提高875元，扣除增加的肥料成本，每亩地纯收益净增750元。若基于粪污直接还田模式，养殖场干湿分离后，由生猪粪污堆肥后的农家肥替代化肥，则每亩地需要追加施用农家肥约1吨的量，在生猪粪污免费的情况下，每亩地纯收入净增875元。此外，有机肥施用带来的果蔬产果年限的延长、土壤性状的改善、由病虫害减少带来的农药的投入减少等，均能进一步提高农户的种植收益。

3. 从市场调研结果来看，消费者愿意为施用有机肥农产品支付更高的价格

消费者对于有机肥施用农产品的消费意愿是有机肥施

第四章
需求引导下生猪粪污资源化利用建议

用农产品附加价值的直接体现，也是解决有机肥出口、提高种植户使用有机肥积极性的根本动力。北京市513位家庭收入中等及以上水平的女性消费者的回答数据分析显示，有机肥施用农产品给消费者带来的效用要明显高于化肥施用农产品，且纯有机肥使用农产品最高。对有机肥施用农产品的边际支付意愿数据显示，消费者对有机肥农产品的支付溢价水平在200%左右，且溢价水平随着人们收入的增长有显著提高。已有文献研究结论同样显示，相比于非有机产品，消费者对有机农产品的支付溢价更高。消费者愿意为有机茶叶的支付溢价高达470%，为有机大米的支付溢价达210%～319.6%，为有机番茄的支付溢价达66%～300%。[①]从消费者对有机农产品以及有机肥农产品的支付意愿和溢价程度结果看，施用有机肥的农产品具有很大的市场潜力。

[①] 杨江帆、刘宝玉、管曦：《福州市消费者有机茶支付意愿及其影响因素分析——基于CVM的实证研究》，《福建农林大学学报（哲学社会科学版）》2011年第3期，第38—42页；郑明赋：《属性评价和标签信任对消费者支付意愿的影响——以有机大米为例》，《中国食物与营养》2016年第2期，第41—45页；李翔、徐迎军、尹世久、高杨：《消费者对不同有机认证标签的支付意愿——基于山东省752个消费者样本的实证分析》，《中国软科学》2015年第4期，第49—56页。

三、粪污资源化利用推进政策建议

推动生猪粪污资源化利用，必须始终坚持"源头减量、过程控制、末端利用"的原则，大力发展标准化规模养殖，推广清洁养殖工艺和实用技术，提高饲料转化率，从源头上减少粪污产生。同时，鼓励种养结合的适度规模养殖，探索各地区最经济有效的资源化利用模式，提高粪污终端利用的效率和效果。针对有机肥的推广和使用，主要有以下四点建议。

（一）推动有机肥农产品标识化管理

随着人们收入水平的增加和环保意识的增强，对农产品安全与品质的要求也逐步提高，也愿意为绿色化生产方式买单。建议参考"三品一标"的做法，在种植产品中增加"有机肥"标识，制定有机肥农产品标准，确定认证机构，建立全程质量追溯系统，为居民消费升级提供一个新选择。同时，对"有机肥"标识产品的安全、营养、口感等方面跟踪评价，并将评价结果向公众免费发布，引导消费者积极购买有"有机肥"标识的产品。

（二）尽快出台有机肥补贴政策并提高补贴目录中有机肥质量要求

一是尽快出台有机肥补贴政策，扩大补贴范围，使政策惠及有机肥替代化肥试点区域以外地区的有机肥使用主体，果菜茶核心产区等有条件的地区可将有机肥补贴与种植补贴挂钩。二是制定优质有机肥行业标准，加大优质有机肥检测方法与技术的研发投入，研制快速、有效、便捷的优质有机肥检测方法和配套设备。三是将有机肥质量指标纳入国家补贴中标产品的最终选择指标中，国家的财政补贴向优质有机肥倾斜，提高有机肥替代化肥试点项目地区中标有机肥的质量，增强有机肥替代化肥示范效应。

（三）加强有机肥推广基础条件建设与政策协同

一是针对目前有机肥施用不便的问题，加快有机肥施用配套器械的改装与研发，并将其纳入农机补贴目录范围。二是加强禽粪污资源化利用试点和果菜茶有机肥替代化肥试点这两项工作的有机融合，争取两项试点工作在区域上最大限度的重合，为地方开展禽粪污资源化利用提供全链条的支持。

（四）加大对两类主体的扶持与引导

一是在养殖密度大、还田难度高的地区，扶持引导第三方环保企业将粪污转化为有机肥进行市场化流通。二是在种养结合条件好的地区，鼓励发展粪污采集施用社会化服务主体，政府对服务费用进行补贴，降低种植户肥料成本，让农户从繁重粪肥的施用中解放出来，提高种植户使用农家肥的积极性。

第五章

肉类全产业链损耗及可食用系数研究

一、引言

我国是肉类生产和消费大国，2017年我国肉类产量达到8588.1万吨。肉类从生产者到消费者的餐桌要经历养殖、屠宰、排酸、分割、运输、零售、储藏等环节，每个环节都会发生不同程度的损耗，是对资源和环境的巨大浪费。Gustavsson（2011）等指出FAO估计世界每年大约有三分之一的食物没有到达消费者手中。FAO（2012）、UNEP（2012）等国际机构以及Parfitt（2010）、Hodges（2011）、Liu（2013）等研究认为，基础设施落后、储备设施缺乏以及知识和技术短缺是造成收获后食物损耗的主要原因。另外，食物产业链条的增加也是食物损耗增多的又一核心因素（一凡，2006）。

当前我国食物浪费研究正处于起步阶段，研究的对象主要是粮食。在肉类产量快速增长的情况下，减少肉类全产业链损耗对于缓解饲料粮生产压力、节约资源、促进农业的可持续发展具有重要意义。本章将基于一手的调研数据，从全产业链视角深入调研中国猪牛羊禽主要肉类在生产、屠宰、储藏、运输、加工、零售、消费这七个环节的损耗情况，以此推算当前中国肉类从生产到消费全产业链损耗水平和不同环节损耗比例，并计算猪牛羊禽的可食用系数和不同品种肉类的可食用水平。

二、数据来源与计算方法

（一）数据来源

损耗和可食率方面的数据都是基于一手调研，国内供给量的数据来自中国农业农村部官网。基于典型性和代表的原则，本次肉类损耗调研以主产地为主，兼顾主销区，共在10个省（区、市）完成了企业调研与数据采集，其中，产销一体化大型企业19家，中小型屠宰加工企业7家，商超、批发市场等流通企业16家。猪肉调研区域选择北京、四川、重庆、山东和河南5个省（市），5个省（市）总产量占全国的28.12%，共调研15家企业，其中一体化企业5家，中小型屠宰企业4家，商超及批发市场（销售终端）6家。禽肉调研区选择北京、四川、山东、广东和广西5个省（市），总产量占全国的37.16%，共调研11家企业，其中一体化企业6家，中小型屠宰企业1家，商超及批发市场（销售终端）4家。牛肉调研区域选择四川、重庆、吉林、内蒙古、山东和北京6个省（区、市），总产量占全国的29.93%，共调研12家企业，其中一体化企业6家，商超及批发市场（销售终端）6家。羊肉调研区域选择内蒙古、新疆和四川3个省（区），总产量占全国的40.23%，共调研一体化企业2家（见表5–1）。

表5–1　肉类损耗分品种调研对象

产品	省（区、市）	一体化企业	屠宰企业	销售终端	市场份额(%)
猪肉	北京、四川、重庆、山东、河南	5家	4家	6家	28.12
禽肉	北京、四川、山东、广东、广西	6家	1家	4家	37.16
牛肉	四川、重庆、吉林、内蒙古、山东、北京	6家	—	6家	29.93
羊肉	内蒙古、新疆、四川	2家	2家	—	40.23
合计	10个省（区、市）	19家	7家	16家	—

（二）损耗计算方法

本研究中定义的肉类产业链损耗是指预冷排酸、分割、冷冻储藏、运输、零售这5个环节，并且对于每个环节损耗的定义是该环节使用部分损耗的重量/胴体重。全环节损耗率即肉类的全产业链损耗是指从养殖到零售各个环节中的产品自然损耗，以及因设备、人为因素、技术水平等不同原因导致的不再以食物形式进入流通环节的可食用部分重量。根据当前肉类流通的主要途径，本研究将肉类全产业链划分成预冷排酸、分割、冷冻储藏、运输（屠宰企业至经销商）、零售五个环节。按不同消费形态，将肉类划分为热鲜肉、冷鲜肉和冷冻肉，根据流通环节，热鲜肉的损耗率包括分割、运输及零售三个环节的损耗；冷鲜肉的损耗包含预冷排酸、分割、运输及零售四个环节的损耗；冷冻肉的损耗涉及环节最长，包括预冷排酸、分割、冷冻储藏、运输及零售五个环节所有形态的损耗。全产业链综合损耗率是指三种不同消费形态肉类各自损耗率经实际消费占比权重修正后的合计损耗率，该指标是反映行业整体真实损耗情况的数据。

预冷排酸造成的损耗是热胴体在冷却过程中因冷热交换而形成的。分割造成的损耗是屠宰动物过程中的一些落地碎肉碎骨等。冷冻储藏造成的损耗是在解冻的过程中，造成水解蛋白、细胞内水分及营养成分的流失。运输造成的损耗是在运输过程中的水分蒸发、肉类变质等。零售造成的损耗是肉类变质后的丢弃和家庭消费时的浪费等。冷冻肉品、冷鲜肉品和热鲜肉品是我国居民肉品消费的三种形态，由于这三种形态的产品从胴体到消费市场所经历的环节不同，每种形态的产品全产业链损耗率也不同，因此，猪肉、禽肉、牛肉、羊肉的全产业链综合损耗率是在计算每种消费形态损耗率的基础上加权所得，权重为每种消费形态的产品占总消费量的比例（见表5-2）。

表5-2　肉类不同消费形态的损耗环节

消费形态	分割	运输	零售	预冷排酸	冷冻储藏
热鲜肉	←――――――――――→				
冷鲜肉	←――――――――――――――→				
冷冻肉	←――――――――――――――――――→				

可食用比例是指可供居民食用的数量占产量的比例，不可食用部分是指胴体中的骨头和甲状腺、淋巴及肥油等不可食用部分。按照我国的居民消费习惯，不在产量统计口径的头蹄尾下水也被城乡居民当作肉类食用。因此，本研究中的可食用部分包括两个方面：一是胴体中的可食用部分；二是头蹄尾下水中可食用部分重量。我国肉类产量中的可食用比重可以从两个层面计算：一是胴体可食率，等于胴体中可食用部分重量/胴体重量；二是整体可食率，等于（胴体中的可食用部分重量+头蹄尾下水可食用部分重量）/胴体重量。

三、损耗及可食用情况

（一）损耗率

1. 猪肉

从全产业链不同环节来看，中国猪肉全环节损耗率为8.11%，其中预冷排酸环节损耗是1.44%，分割环节损耗是0.99%，冷冻储藏环节损耗是3.98%，运输环节损耗是0.24%，零售环节损耗是1.46%。冷冻储藏环节损耗占的比例最高，占全环节损耗的49.14%，这主要是因为猪肉在解冻的过程中，会造成水解蛋白、猪肉细胞内水分及营养成分的流失，损失的重量也相对较高。运输这一环节的损耗占的比例最低，占全环节损耗的2.96%。从不同消费类型来看，与冷冻猪肉相比，冷鲜和热鲜猪肉涉及的环节较少，热鲜猪肉、冷鲜猪肉和冷冻猪肉的全产业链损耗率依次是2.69%、4.12%、8.10%，三种产品在居民实际消费中的占比依次为14.00%、63.37%、22.33%，按此加权计算，我国猪肉全产业链综合损耗率为4.36%。

2. 禽肉

中国消费市场上常见的鸡分白羽鸡和黄羽鸡两种，由于居民食用这两种鸡的习惯不同，使得两种鸡在市场上的流通环节差异较大，因此分别进行分析。从调研数据分析，中国白羽肉鸡全环节损耗率为12.85%，其中预冷排酸、分割、冷冻储藏、运输和零售各环节的损耗率分别为2.00%、1.25%、5.80%、0.63%、3.17%，地区之间差异不大。冷冻和冷鲜在白羽肉鸡消费中的比例分别为74.17%、25.83%，对应的各环节合计损耗分别为12.85%、7.05%，白羽肉鸡全产业链综合损耗率为11.35%。中国黄羽肉鸡全环节损耗率为7.42%，其中预冷排酸、分割、冷冻储藏、运输和零售各环节的损耗率分别为2.00%、0、2.84%、0.58%、2.00%。冷冻和冷鲜在黄羽肉鸡消费中的比例分别为26.67%、73.33%，对应的各环节合计损耗分别为7.42%、4.58%，黄羽肉鸡全产业链综合损耗率为5.44%。按当前白羽肉鸡七成、黄羽肉鸡三成的产量比例加权计算，我国肉鸡各环节合计损耗率为11.22%。冷冻和冷鲜在肉鸡消费中的比例分别为55.17%、44.83%，对应的各环节合计损耗分别为11.22%、6.31%，按此加权计算，我国肉鸡全产业链综合损耗率为9.30%。

3. 牛肉

从全产业链不同环节来看，中国牛肉全环节损耗率为11.47%，其中预冷排酸的损耗是1.51%，分割的损耗是3.18%，冷冻储藏的损耗是2.79%，运输的损耗是0.86%，零售的损耗是3.13%。其中，分割和零售的损耗最大，分别占总损耗比例的27.72%、27.29%。这主要是因为相比其他肉类，牛肉在分割环节水分流失量大、落地碎肉及伤肉量较大。运输这一环节的损耗占的比例最低，占总损耗的7.50%。热鲜牛肉、冷鲜牛肉和冷冻牛肉的全产业链损耗率依次是7.17%、8.68%、11.47%，三种产品在居民实际消费中的占比依次为13.00%、49.75%、37.25%，按此加权计算，我国牛肉全产业链综合损耗率为9.55%。

4. 羊肉

从全产业链不同环节来看，中国羊肉全环节损耗率为7.45%。其中，预冷排酸的损耗是1.07%，分割的损耗是1.36%，冷冻储藏的损耗是0.92%，运输的损耗是0.83%，零售的损耗是3.27%。其中，零售的损耗占比最高，占总损耗的43.89%，运输这一环节损耗占的比例最低，占总损耗的11.14%。热鲜羊肉、冷鲜羊肉和冷冻羊肉的全产业链损耗率依次是4.63%、6.53%、7.45%，三种产品在居民实际消费中的占比依次为13.00%、49.75%、37.25%，按此加权计算，我国羊肉全产业链综合损耗率为5.94%（见表5-3、表5-4）。

表5-3 不同品种肉类全环节损耗率

产品		预冷排酸	分割	冷冻储藏	运输	零售	合计
猪肉		1.44%	0.99%	3.98%	0.24%	1.46%	8.11%
禽肉	白羽鸡	2.00%	1.25%	5.80%	0.63%	3.17%	12.85%
	黄羽鸡	2.00%	0	2.84%	0.58%	2.00%	7.42%
牛肉		1.51%	3.18%	2.79%	0.86%	3.13%	11.47%
羊肉		1.07%	1.36%	0.92%	0.83%	3.27%	7.45%

表5-4 不同品种肉类全产业链综合损耗率

产品	损耗率			实际消费占比			加权综合损耗率
	热鲜肉	冷鲜肉	冷冻肉	热鲜肉	冷鲜肉	冷冻肉	
猪肉	2.69%	4.12%	8.11%	14.00%	63.67%	22.33%	4.36%
鸡肉	—	6.31%	11.22%	—	44.83%	55.17%	9.30%
牛肉	7.17%	8.68%	11.47%	13.00%	49.75%	37.25%	9.55%
羊肉	4.63%	6.53%	7.45%	13.00%	49.75%	37.25%	5.94%

（二）可食用比例情况

1. 猪肉

调研数据显示，我国猪肉胴体可食率为78.48%，即胴体中骨头、不可食用部分（包括甲状腺、淋巴及肥油等部位）约占胴体的2.99%，可食用下水比例、可食用头蹄尾比例分别为6.25%、5.55%，整体可食率90.28%。全国平均每头生猪整体可食用重量为70.3公斤,其中胴体中可食用部分为61.1公斤,头蹄尾中可食用部分为4.3公斤,下水中可食用部分为4.9公斤。

2. 禽肉

白羽肉鸡胴体可食率、整体可食率分别为70.41%、78.99%,按平均每只白羽鸡活重2.5公斤、出膛率69.12%计,白羽肉鸡可食用部分重量为1.36公斤,其中胴体中可食用部分重量为1.22公斤,可食用头蹄尾为0.04公斤,可食用下水为0.1公斤。黄羽肉鸡胴体可食率、整体可食率分别为64.20%、78.74%,按平均每只黄羽鸡活重2.3公斤、出膛率66.02%计,平均每只黄羽肉鸡可食用部分重量为1.20公斤,其中胴体中可食用部分重量为0.97公斤,可食用下水重量在0.2公斤左右,可食用头蹄尾为0.03公斤。按现有产量比重加权计算,我国平均肉鸡胴体可食率、整体可食率分别为68.55%、78.91%,按平均每只肉鸡活重2.44公斤、出膛率68.19%计,平均每只肉鸡可食用部分重量为1.31公斤,其中胴体中可食用部分重量为1.14公斤,可食用下水为0.12公斤,可食用头蹄尾为0.05公斤。

3. 牛肉

调研数据显示,我国牛肉胴体可食率为81.26%,胴体中骨头、不可食用部分分别占胴体的16.49%、2.25%,可食用下水比例为8.51%、可食用头蹄尾比例为5.07%,整体可食率为94.84%。6个地区平均每头肉牛可食用重量为285公斤,其中胴体中可食用部分为244.2公斤,头蹄尾中可食用部分为15.25公斤,下水中可食用部分为25.56公斤。

4. 羊肉

羊肉可食用部分包括羊肉胴体所含纯肉、可食用下水和可食用头蹄尾三部分。本次调研数据显示,我国羊肉胴体可食率为73.72%,胴体中骨头及不可食用部分占胴体的26.27%,可食用下水比例为16.02%、可食用头蹄尾比例为6.71%,整体可食率为96.46%。全国平均每只肉羊可食用重量为19.6公斤,其中胴体中可食用部分为15.0公斤,头蹄尾中可食用部分为1.36公斤,下水中可食用部分为3.25公斤(见表5-5)。

表5-5 肉类可食用情况

品种		骨头占胴体比	不可食用部分占胴体比	可食用下水比例	可食用头蹄尾比例	胴体可食率	整体可食率
猪肉		18.53%	2.99%	6.25%	5.55%	78.48%	90.28%
禽肉	白羽鸡	30.46%	2.21%	5.57%	3.01%	70.41%	78.99%
	黄羽鸡	36.15%	2.43%	11.55%	2.99%	64.20%	78.74%
牛肉		16.49%	2.25%	8.51%	5.07%	81.26%	94.84%
羊肉		23.09%	3.18%	16.02%	6.71%	73.72%	96.45%

四、分析讨论

(一) 损耗

从全环节损耗结果看,冷冻储藏环节的损耗占综合损耗的比例最大。冷冻肉在解冻的过程中,由于水解蛋白、细胞内水分及营养成分的流失,会引起相应比例的损耗。猪肉、禽肉、牛肉和羊肉的平均冷冻储藏损耗分别占综合损耗率的49.14%、43.76%、24.32%、12.35%。以水分蒸发形式产生的自然损耗为综合损耗的第二原因,贯穿全产业链的所有环节:首先是预冷排酸环节,预冷排酸主要是用冷风机等制冷设备将猪肉二分体用24～36小时不等的时间冷却到0℃～4℃,在此过程中,猪肉表面的水分会随着冷风流失;其次是在分割环节,分割后暴露在空气中的肉品切面也会发生不同程度的水分流失。从调研数据来看,猪牛羊禽四类产品预冷排酸环节损耗占综合损耗率比例为13%～18%,整体数值波动幅度不大。分割环节的损耗主要表现为分割落地碎肉的损耗,但企业为了控制成本,落地碎肉的量与企业每日分割量相比微乎其微。第三是每次在零售环节的损耗主要是以变质丢弃和失重为主,商超和农贸市场在零售终端由于未能将进货的肉品全部卖完,导

第五章
肉类全产业链损耗及可食用系数研究

致一部分肉品变质或因时间过长无法再继续销售，进而产生肉品损耗。调研数据显示，零售环节的损耗占综合损耗的比例较高，其中羊肉占比最高达3.27%，猪肉最低占1.46%，禽肉和牛肉接近，占25%~27%。最后，肉品从屠宰场分割运输至批发商，以及批发商运至零售终端过程中也由于水分蒸发、伤肉等原因存在一定程度的损耗，该损耗占综合损耗的比例较低，除羊肉外整体占比不足10%。

从肉类形态看，冷冻肉、冷鲜肉和冷藏肉由于从生产到销售经历的环节不同损耗差异很大。其中，冷冻肉的损耗最高，猪牛羊禽四种冷冻肉品的损耗分别是8.11%、11.47%、7.45%、11.22%，冷鲜肉的损耗分别是4.12%、8.68%、6.53%、6.31%。猪牛羊热鲜肉的损耗分别是2.69%、7.17%、4.63%。按照不同肉类的市场流通比例加权计算可知，我国猪牛羊禽综合损耗率不超过10%，其中猪肉最低不足5%，禽肉和牛肉接近（10%），羊肉约为6%。

以2017年产量计，我国肉类损耗达到524.4万吨，其中猪肉为249.7万吨，牛肉为69.5万吨，羊肉为29.6万吨，禽肉为175.6万吨。根据《中国居民膳食指南（2016）》中居民平衡膳食宝塔推荐值每日肉类摄入上限75克推算，我国肉类年度损耗量可满足1.91亿名成年居民一年的肉类推荐量。从营养视角计算，我国肉类年度能量损耗151.8亿千

| 071

卡，其中猪肉能量损耗占65.0%，禽肉能量损耗占25.4%，牛肉和羊肉损耗分别占总体的5.7%和4.0%；蛋白质年度损耗83.3万吨，其中，猪肉和禽肉损耗接近，分别为33万吨和30.8万吨，牛肉损耗13.8万吨，占整体的16.6%，羊肉来源的蛋白质损耗为5.6万吨；年度脂肪损耗128.1万吨，其中猪肉的脂肪损耗最高，达72.1%，禽肉的脂肪损耗占22.4%，牛肉和羊肉的脂肪损耗分别占肉类全体损耗比重不足4%（见表5-6）。

表5-6　2017年不同品种肉类营养损耗

品种	损耗量 万吨	能量损耗 亿千卡	能量损耗 占比	蛋白质 万吨	蛋白质 占比	脂肪 万吨	脂肪 占比
猪肉	249.7	98.6	65.0%	33.0	39.6%	92.4	72.1%
禽肉	175.6	38.5	25.4%	30.8	37.0%	28.7	22.4%
牛肉	69.5	8.7	5.7%	13.8	16.6%	2.9	2.3%
羊肉	29.6	6.0	4.0%	5.6	6.8%	4.2	3.3%
合计	524.4	151.8	—	83.2	—	128.2	—

数据来源：损耗量是根据国家统计局公布2017年产量、进口量和出口量数据计算所得，能量、蛋白质和脂肪数据参考《中国食物营养成本表》计算所得

（二）肉类可食用情况

从整体来看，我国肉类实际利用率高于美国、日本等其他国家。在不考虑头蹄尾及下水中的可食用部分情况

下，与美国、日本相比，中国禽肉胴体可食率基本一致，猪肉、牛肉、羊肉胴体可食率明显偏高，其中牛羊肉的可食率高于美国和日本约30%，猪肉整体可食率高于美国17.39%、高于日本27.29%。这主要有两个方面的原因：一是比较而言，中国居民吃的肥肉比较多，所以在分割环节除纯油脂部分其他部位的肥肉都被保留下来；二是日本、美国市场上流通的多为精修后的产品，在加工环节往往会产生大量废弃肉（见表5-7）。

表5-7 中国、日本及美国肉类产品可食用比重

产品	中国胴体可食率	中国整体可食率	日本胴体可食率	美国胴体可食率
猪肉	78.48%	90.29%	63%	72.9%
禽肉	68.55%	78.91%	71%	70%
牛肉	81.26%	94.84%	63%	66.9%
羊肉	73.72%	96.46%	—	65.8%

数据来源：中国数据为课题组调研测算数据，日本数据来自日本农林水产省发布的食物平衡表，美国数据来自美国农业部经济研究所发布的人均食物供给量数据表

在综合考虑肉类全产业链损耗和可食用情况下，2017年我国肉类人均年可食用供给量为53.1公斤，折合每日可食用供给量为145.3克，其中每日猪肉供给量97.5克，禽肉供给量为26.6克，牛肉和羊肉供给量分别为12.3克和8.9

克。从营养供给角度分析，每日肉类可提供能量476.9千卡，蛋白质21.8克，脂肪41.7克，分别占《中国居民膳食指南（2016）》推荐量的23.8%、36.2%、62.2%（见表5-8）。

表5-8 2017年中国肉类数量及营养有效供给水平

品种	人均年可食用供给量（公斤）	人均日可食用供给量（克）	人均日营养供给量 能量（千卡）	人均日营养供给量 蛋白质（克）	人均日营养供给量 脂肪（克）
猪肉	35.6	97.5	385.0	12.9	36.1
禽肉	9.7	26.6	58.4	4.7	4.3
牛肉	4.5	12.3	15.4	2.5	0.0
羊肉	3.3	8.9	18.1	1.7	1.3
合计	53.1	145.3	476.9	21.8	41.7

五、结论与启示

当前我国肉类损耗的主要原因是中小规模企业加工分割技术水平相对较低，批发和零售环节冷藏设备的不到位以及国内很多地区居民依然偏爱热鲜肉。未来应该针对损耗的主要症结，以提高中小规模企业肉类加工分割技术水平、销售终端配备冷藏设备、培育冷藏肉市场等多种途径为抓手，建立肉类减损机制。在现有基础上进一步降低肉类损耗率，提高肉类的消费利用程度。同时建立国家全产业链损耗与可食用数据采集的数据库，持续跟踪主要农产品损耗，减少食物损耗，提高主要农产品利用水平，减少食物营养浪费，实现农业的可持续发展。

　　由于我国肉类产业基数庞大，肉类损耗总量不容忽视。根据当前的生产规模推算，每降低1个百分点的肉类损耗，可满足3088万名中国成年居民一年的膳食肉类推荐量，能有效节约能量24.5亿千卡，蛋白质13.4万吨，脂肪20.7万吨，这对缓解人均水土资源紧张和人口不断增长的突出矛盾以及农业生产的巨大压力具有重要意义。

第六章

我国生猪胴体分级存在的问题及发展建议

一、我国胴体分级现状及存在问题

（一）现行标准内容

1988年，针对生猪胴体分级，我国首次制定并实施了GB/T 9959.1—1988《带皮鲜、冻片猪肉》和GB/T 9959.2—1988《无皮鲜、冻片猪肉》两项国家标准，并于2001年、2008年对这两项标准进行了重新修订，但其中各项指标的内容几乎没有做调整。标准GB/T 9959.1根据背膘厚度、片肉重量以及屠宰加工要求将胴体白条分为三个等级。该标准在2019年版本里删除了产品等级划分部分内容，所以目前我国尚未有统一的国家分级标准。

农业部于2009年发布了NY/T 1759—2009《猪肉等级规格》行业标准，建立了胴体综合等级标准。根据胴体规格等级和质量等级划分猪肉等级规格：其中，胴体规格等级从高到低，分为A、B、C三个级别，评判标准既可是背膘厚度和胴体重，也可是据瘦肉率和胴体重；胴体质量从优到劣分为Ⅰ、Ⅱ、Ⅲ三个级别，主要通过胴体外观、肉色、肌肉质地、脂肪色来判定。此外，胴体规格等级为C级且质量为Ⅱ、Ⅲ级的胴体，综合评判等级最低，为四级。2012年，商务部也发布了SB/T 10656—2012《猪肉分级》行业标准，根据感官指标、胴体质量、瘦肉率及背膘厚度，将胴体等级从高到低分为1~6六个级别。2019年该标准名称被替换为NY/T 3380—2018《猪肉分级》。

（二）实际胴体分级情况

由于我国缺乏统一的分级标准，对生猪胴体质量分级的实际操作方式主要分为三种。

一是宰前评判。在收购活猪时，有经验的验级员（多为屠宰场员工或生猪贩子）根据生猪品种的优劣、外观、猪背部脂肪厚度和猪重量进行人工评级，无标准参照。这种评判方式主观性较强，除猪重量这一客观指标外，其他指标易受验级员的主观经验和技能等因素的影响。同时，不排除出现验级员故意压低或抬高生猪级别，从而损害生猪养殖户或屠宰企业利益的情况。

二是宰后评判，人工根据背膘厚度和胴体重进行。通常在劈半后，屠宰场员工用直尺直接在线测量，测量点选取胴体半片6~7节肋骨处。目前，大多数屠宰场选用这种分级方式。但实际上，这种方法不仅不能反映生猪体型及其瘦肉率等经济性能，而且由于操作人员为屠宰场内部人员，养殖户的利益很难得到充分保障。

三是宰后评判，根据胴体的瘦肉率和重量自动进行。其中，瘦肉率的测定是通过电子仪器来实现的。借助仪器能客观和公正地反映猪胴体的瘦肉率及其整体分割价值，从根本上避免了人工误差；在线提取数据方便快捷，电子数据透明公开，便于调取和监察。但由于当前分级仪器都来自国外：一方面仪器在我国的适用性以及实际分级准确性有待论证；另一方面多数屠宰企业对于瘦肉率测量仪器了解不足，导致其主观应用意愿较差。目前，仅有一些大型屠宰企业应用电子仪器进行分级评判。

（三）胴体分级存在的问题

目前，我国虽然对流通猪胴体进行了分级，但由于分级所选取的指标类型不统一，具体数值区间也无法适用当前商品猪的实际情况，采集的质量信息不能在生猪价值链上下游有效流通，由此带来三个方面的问题。

一是不利于推动和指导育种环节商品猪的品种改良。

生猪产业链各环节影响经济因素差异,终端市场价值信息不能及时有效地反馈到产业链上游环节,阻碍了生猪的标准化生产,导致"优质优价"无法落实。

二是胴体价值信息挖掘不足,导致产业链增值空间小。无有效的胴体分级,造成胴体质量信息不能和市场信息有效衔接。2015年定点以上屠宰行业平均毛利率仅为4.72%。同年,双汇凭借其公司自有分级指标,屠宰板块毛利率高达7.31%,高于行业水平54.9%。

三是不利于屠宰企业、猪贩和生猪养殖场/户之间的公平交易。分级实施缺乏客观性,市面上现行的分级方式多是由生猪贩子或屠宰场来决定以及实施的。在级别判定时,不能保证其完全公正性,所以大大降低了生猪交易透明度。

二、国外胴体分级做法及其成效

(一)别国/地区经验

1. 加拿大

加拿大早在1922年就开始在全国推行商品猪分级系统,并于1944年将其作为国家规定标准在全国范围内强制实行。1968年建立适用于本国生猪市场的胴体分级指数表，并在1986年强制要求周屠宰量大于1000头的生猪屠宰场必须使用电子胴体分级系统。加拿大成为全世界最早采用电子探针分级仪器进行猪胴体分级的国家之一。

该国的生猪交易基本上是通过一些大型猪肉市场委员会推动进行的，例如，加拿大猪肉理事会和加拿大猪肉国际组织等。通过热胴体重和瘦肉率建立的胴体分级指标表（见附件一）来确定胴体价值，为养殖户结算提供凭证。

2. 美国

1931年，美国农业部开始编写胴体分级及分割试行标准，并于两年后实施。经过多次修订，于1985年制定了现行的猪胴体分级标准。标准确定了两项指标，一是分割肉质量指标；二是4块主要分割肉（后腿肉、通脊肉、前腿肉和肩胛肉）的预期瘦肉率。根据这两项指标，将猪胴体分为5个等级：U.S.1～4级和U.S.等外级。只有当4块主要分割肉质量指标均合格时，胴体才能进行U.S.1～4级评级；若其质量性状指标未达到要求，如腹部肉（最薄的地方）过薄（低于1.52厘米），肉质质地柔软多油，则直接被定为U.S.等外级。

美国农业部认为，胴体脂肪含量和胴体瘦肉产量成反比。因此，在分级时，首先应根据猪胴体最后一根肋骨处膘厚（包括皮）和肌肉丰满度（相对于骨骼大小的肌肉厚度）两个指标进行初步分级；其次，根据胴体4块主要分割肉的预期瘦肉率来确定胴体等级，其分割流程需按照美国农业部所发布的官方操作规范来进行（见附件二）。

近年来，随着消费者需求的变化，除瘦肉以外，肉色和大理石花纹也成为其购买猪肉的考虑因素。现行标准已经不能完全反映市场需求，因此，1998年美国猪肉厂商委员会制定了猪肉产品肉色及大理石花纹指南（见附件三），许多猪肉分割包装加工商参照这一指南制定企业内部分级标准。该指南指出，适口度较高的猪肉产品，肉色应介于3~5，大理石花纹分数介于2~4。虽然2017年美国农业市场服务部应市场需求，提议将这两项指标作为分级参考指标，但这一提议在2018年8月17日被美国农业部驳回，现行分级标准保持不变。

3. 欧盟

1967年，欧共体确立了以背膘厚度和胴体重为指标的初级胴体质量标准。于1984年，确定了以瘦肉率和胴体重为客观评判指标的欧盟猪胴体商业质量标准体系（见附件四），并于1989年开始在欧盟范围内统一实施。

为了促进欧盟农业发展和农产品质量提升，欧盟猪胴体商业质量标准体系于2007年被欧盟理事会引入第1234/2007号条例《有关确立农产品市场共同组织和针对一些农产品的具体规定》中，其中为了确保养殖人员"公平"收入，稳定生猪市场，保持猪胴体合理的销售价格以及确保其供应，条例中明确规定了胴体重从60～120公斤E级胴体的参考价格（1509.39欧元/吨）以及政府干预价格（不能高于参考价格的92%，不能低于参考价格的78%）。欧盟共同农业政策体系中第1308/2013号条例《有关制定欧盟农产品市场共同组织规则》沿用了第1234/2007号条例中胴体商业质量标准的相关规定和参考价格，但对于政府干预价格则不做具体说明。

由于各国生猪种群情况不同，各成员国可自由选择瘦肉率预测方法及预测仪器。但其准确性必须通过欧盟专家委员会的认证，即仪器或预测方法估测的胴体瘦肉率与实测瘦肉率之间的预测标准差（RMSEP）不得大于2.5%，所使用的样本量不得少于120头，而且样本必须具有代表性。认证通过并颁发相应的许可证明后，该方法或仪器才能作为官方分级方法，其结果才有法律效用，经过分级的胴体才能在欧盟流通。

为保障市场信息的及时性和适用性，自标准体系发布以来，欧盟专家委员会根据市场消费需求和胴体质量特性的变化，不定期更新等级信息和认证方法。现行的《适用于欧盟第1308/2013号条例的实施细则——涉及牛、猪和羊胴体质量分级及市场报价机制》于2017年4月20日颁布并实施，新细则要求周屠宰量500头以上的生猪屠宰企业需要参照欧盟猪胴体商业质量标准体系对其胴体进行分级并上报价格。不仅如此，欧盟一些国家还在法规基础上发布了符合本国国情的相关法令。以德国为例，该国"肉类法令"中对于分级人员和分级仪器生产厂商的专业资质做出了详细规定，其中，明确要求从事分级的相关人员和企业必须为第三方人员，同时需要具备生猪胴体相关专业知识并参与分级专业技能培训。

（二）主要成效

一是充分挖掘胴体价值，推动产业升级。以猪胴体经济性指标为重点考核指标，以胴体市场价值为导向，建立一个客观、公正和技术可行的全国性等级系统及一个能够简单理解普遍应用的贸易基础，实现"优质优价"，带动产品不断提升。

加拿大实施的胴体分级有效激发了养殖户的养殖热情，养殖户更愿意养殖瘦肉率高以及质量高的生猪。自1968年标准实施以来到1982年，仅仅14年的时间，该国优质猪胴体（指标100以上的胴体）在全国总体的比例就从42.5%上升至78.0%。为此，加拿大政府不得不在1982年重新修订指标表，使其更切合本国生猪性状。生猪平均热胴体重也得到了显著提升，从20世纪90年代初期的不足80公斤上升至现在的95公斤以上。

借助统一的胴体分级标准，欧盟猪胴体质量在近30年间有了大幅度的提高。当前最高级猪胴体（S级、瘦肉率超过60%）占比已从1989年不足10%升至现在的50%左右，最低级胴体（P级、瘦肉率低于45%）已极少在市场上流通。胴体重水平也有了显著的提高，从20世纪80年代的70公斤升至目前的90公斤。

二是紧跟终端消费需求，指导产业发展。虽然美国猪胴体分级是自愿行为，但美国农业部制定的标准仍被广泛用于国内分割猪肉的定价基础，成为各屠宰加工厂制定企业内部分级体系的基础。老标准（1968年版）综合考虑了肉质和肌肉发育程度的主观评价指标和背膘厚度的客观测定数据。标准实施以来，商品猪背膘厚度明显降低，胴体肌肉质量也有了明显的提高，优质胴体占比从1968年的8.0%上升至20世纪80年代初期的71.7%。现行标准（1985年版）考虑当时消费者对于瘦肉的增长需求，制定标准时着重强调瘦肉率的重要性，由此推动了美国瘦肉型生猪品种的改良以及养殖方式和饲料配比的改善。1989年调研显示，美国中西部地区98%的猪胴体质量为U.S.1或2级。

三是有效保障养殖户权益，降低市场风险。在欧盟共同农业政策的大背景下，胴体商业质量标准提供了交易生猪的质量信息，规模以上屠宰企业按规定向本国统计部门上报不同等级胴体的收购价格。欧盟委员会每周都会公布各成员国不同质量等级猪胴体的市场价格信息，由此提高了市场透明度，有利于指导上游理性规划生产；为生猪养殖户安排存栏和出栏提供了质量及参考价格的依据。在这一背景下，欧盟虽然也存在"猪周期"，但与我国相比，其波动较为平稳。

三、制定我国猪胴体流通等级体系的建议

我国生猪产量占世界总产量一半以上，但商品猪平均瘦肉率低于50%，平均胴体重80公斤左右，屠宰性能较差，产业整体效益低，行业利润空间较小。因此，借鉴国际经验，建立以经济性状为指标的等级划分体系，既有助于推动我国商品生猪的品种改良，又有助于保障生猪产业链各环节参与者经济效益的最大化，同时也有助于提高我国生猪国际竞争力。该体系的建立可按照以下步骤进行。

一是建立适合我国国情的胴体分等分级体系：首先，需要以生猪产业链下游屠宰企业（规模以上）需求为参

照，选取这些企业所关注的经济指标如背膘厚度、胴体重、瘦肉率和肌肉丰满度，来建立统一的商品猪分级标准。考虑到我国的实际情况，建议以规模以上企业为强制实施主体，逐步推动标准全面实施。最终达到规范市场、推动生猪产业升级的目的。

二是建立以质量规格为参考标准、胴体价格为中心的市场报价指导机制。定点以上屠宰企业根据胴体规格不同，向政府申报该规格胴体的收购价格；该收购价格也可以作为养殖户偿付价格，从而建立并完善生猪胴体质量信息和消费市场价格的政府监管联动机制，并达成按质论价、优质优价的目的。

三是组建官方认证校准体系。组织成立业内专家委员会，针对我国商品猪胴体实际性状，结合分级标准，开发适用于我国国情，以客观测量为主、主观评判为辅的分级方法，并编写制定详细的操作流程规范。以瘦肉率为例，明确并统一其定义，详细制定数据采集及估算方法和流程，建立官方预测模型。

四是建立第三方专业技能培训体系和仪器认定体系，对于分级人员进行专业技能培训及资格认定。对于现有的或将要进入我国的分级方法或仪器，一一认定，以保证其测量准确性。

>> 附件一
加拿大猪胴体分级指标

表　加拿大猪胴体分级指标（2019年）

等级	瘦肉出品率(%)	0~67.9(公斤)	68~72.9(公斤)	73~77.9(公斤)	78~82.9(公斤)	83~87.9(公斤)	88~92.9(公斤)	93~97.9(公斤)	98~102.9(公斤)	103~107.9(公斤)	108~111.9(公斤)	112~116.9(公斤)	117~999(公斤)
1	64.3~100	10	10	50	75	95	95	100	100	100	100	100	50
2	63~64.29	10	10	50	75	95	103	109	109	107	105	100	50
3	61.8~62.99	10	10	50	75	106	109	113	113	111	107	100	50
4	60.7~61.79	10	10	50	75	109	113	116	116	115	112	105	75
5	59.6~60.69	10	10	50	75	109	113	116	116	115	112	105	75
6	58.6~59.59	10	10	50	75	107	110	114	114	112	108	100	50
7	57.7~58.59	10	10	50	75	100	103	109	109	107	105	90	50
8	56.9~57.69	10	10	50	60	85	95	104	104	95	90	80	50
9	56.1~56.89	10	10	50	60	70	90	95	95	90	80	70	50
10	0~56.09	10	10	50	60	60	70	70	70	70	60	60	50

该分级指标表会根据加拿大生猪整体质量现状及时进行更新。

应用实例：

如果胴体指标100的当日竞价为1.00加元/公斤。

据表所得，重量88公斤，瘦肉出品率62%的胴体指标则为109。该胴体价值则为88公斤×1.09加元/公斤=95.92加元。

>> 附件二

美国猪胴体分级标准

初步分级等级可通过以下公式计算得出：

胴体等级=（4×最后一根肋骨处背膘厚度，英寸）-（1.0×肌肉丰满度①）

表1　按照最后一根肋骨处背膘厚度的猪胴体初步分级（以冷胴体重计）

初步分级等级	背膘厚度
U.S.1	<1.00英寸
U.S.2	1.00~1.24英寸
U.S.3	1.25~1.49英寸
U.S.4	>1.50英寸[1]

1. 如胴体背膘厚度超过1.75英寸，不论其肌肉丰满度如何，均不可归为U.S.3级

表2　按照预期瘦肉产量的猪胴体分级（以冷胴体重计[2]）

等级	预期瘦肉产量
U.S.1	≥60.4%
U.S.2	57.4%~60.3%
U.S.3	54.4%~57.3%
U.S.4	<54.4%

2. 如按热胴体重计算，预期瘦肉产量应降低1个百分点

---

① 肌肉丰满度较差=1分；肌肉丰满度中等=2分；肌肉丰满度较高=3分。

第六章 我国生猪胴体分级存在的问题及发展建议

>> 附件三

猪肉产品肉色及大理石花纹指南

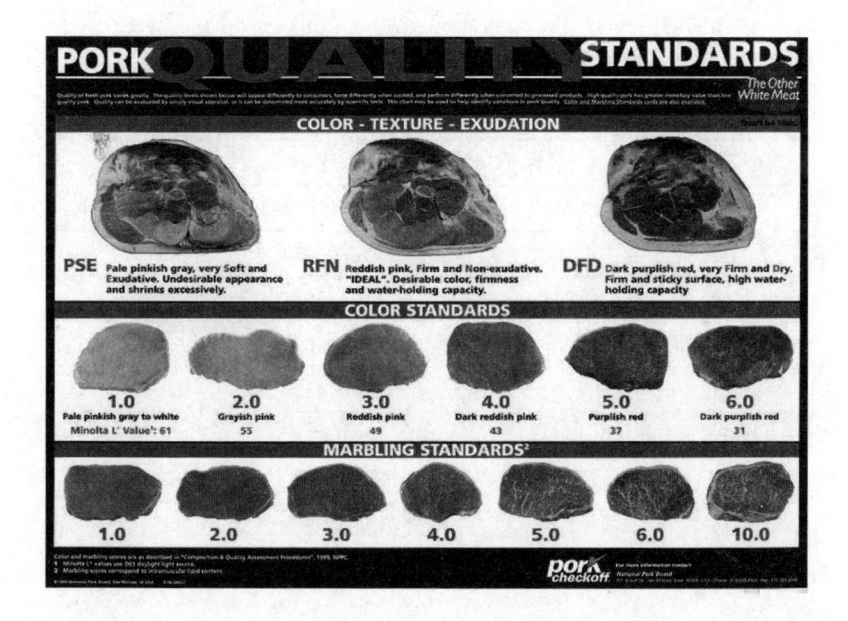

>> 附件四
欧盟猪胴体商业质量标准

表 欧盟猪胴体商业质量标准（以热胴体重计）

商业质量等级	瘦肉率
胴体重量应在60~120公斤	
S	≥60%（1984年为参考标准；2013年为强制标准）
E	55%~60%
U	50%~55%
R	45%~50%
O	40%~45%
P	<40%
M	母猪胴体
V	种公猪以及晚阉公猪

第七章

非洲猪瘟背景下动物蛋白供给保障及优化建议

自2018年8月以来，非洲猪瘟对我国生猪养殖和猪肉产品消费产生了重大影响。2019年8月第二周，猪肉价格同比上涨46.8%，根据价格弹性可以预测，猪肉消费量同期将减少30.3%。以此类推，如2021年底猪肉价格上涨70%，届时猪肉消费量将同比减少39.4%，在保持其他食物消费量不变的情况下，人均每日能量摄入减少约为113.4千卡，蛋白质、脂肪摄入分别减少5.0克和10.2克。

从全国居民营养监测数据分析，我国居民普遍存在脂肪摄入过多的问题，但蛋白质尤其是优质蛋白质的摄入基本平衡。从改善居民营养结构的角度分析，调整动物产品消费结构的重点是维持蛋白摄入量，同时减少脂肪摄入量。猪肉是脂肪含量最高的动物产品，以此轮猪肉价格大幅上涨、消费明显下降为契机，减少热量和脂肪摄入量，同时保障动物产品优质蛋白需求，是推进农业供给侧结构改革、调整居民膳食营养结构的有利契机。本研究从满足消费需求出发，基于经济、资源、营养三个视角，从理论上对肉类、蛋、水产品进行综合分析，以稳定动物蛋白摄入为目标，研究得出其他动物产品替代猪肉的优先序和可行性建议。

一、单位蛋白质对应的动物产品需求与替代效率分析

食物消费具有替代性，这种替代尤其发生在营养功能接近的食物之间。随着猪肉相对价格的进一步提升，减少的猪肉消费会在一定程度上由禽肉、牛羊肉、水产品或蛋类产品来补充。以提供50克动物蛋白质摄入量为例，对不同动物性食物的需求和替代性将从经济、资源和营养三个角度进行定量分析。

综合考虑不同食物营养成分、全产业链损耗和可食率可知，提供50克动物蛋白需要446.2克猪肉，同理需要牛肉、羊肉、禽肉、水产品和蛋类分别为340.9克、394.7克、441.5克、592.5克和480.1克。以2019年8月农产品监测价格测算，50克动物蛋白对应的猪肉、牛肉、羊肉、禽肉、水产品和蛋类的经济需求分别是13.8元、22.3元、

25.2元、9.1元、7.2元和4.2元。将肉类需求用屠宰率和料肉比折算可得，50克动物蛋白对应的猪肉、牛肉、羊肉、禽肉、水产品和蛋类的饲料需求分别是2.0公斤、3.7公斤、4.9公斤、1.8公斤、0.8公斤和1.0公斤。综上可得，猪肉与牛肉、羊肉、禽肉、水产品和蛋类的营养替代系数分别是0.76、0.88、0.99、1.33和1.08，经济替代系数分别是1.61、1.82、0.66、0.52和0.31，资源替代系数分别是1.87、2.46、0.92、0.41和0.48（见表7-1）。

表7-1　50克蛋白质对应各类动物产品需求（2019年8月）

类别	猪肉	牛肉	羊肉	禽肉	水产品	蛋类
营养需求（克）	446.2	340.9	394.7	441.5	592.5	480.1
经济需求（元）	13.8	22.3	25.2	9.1	7.2	4.2
饲料需求（公斤）	2.0	3.7	4.9	1.8	0.8	1.0
营养替代系数	1	0.76	0.88	0.99	1.33	1.08
经济替代系数	1	1.61	1.82	0.66	0.52	0.31
资源替代系数	1	1.87	2.46	0.92	0.41	0.48

数据来源：由课题组测算，原始数据来源详见附件一

二、其他动物产品与猪肉的替代性分析

以保持动物性蛋白摄入不变为前提，从经济、资源和营养三个维度分析未来猪肉价格上涨70%后，猪肉与牛肉、

羊肉、禽肉、水产品、蛋类之前的替代关系。

（一）经济视角

以2019年8月监测价格计，未来猪肉价格上涨后，猪肉的消费缺口分别由牛肉、羊肉、禽肉、水产品、蛋类替代，等量蛋白摄入消费支出分别为805.1元、910.9元、328.8元、258.3元、153.1元，牛肉和羊肉消费支出则是猪肉消费499.9元的1.6倍和1.8倍，禽肉、水产品和蛋类则分别可节约34.2%、48.3%和69.4%的消费支出。

恩格尔系数是衡量一个国家人民生活水平的重要指标，恩格尔系数越小，居民生活水平越好。2018年全国平均恩格尔系为28.4%，在当前的价格体水平下，若维持2018年的动物产品消费水平，则居民恩格尔系数将提高2.1个百分点；若以牛肉、羊肉来替代下降的猪肉消费，则恩格尔系数将分别提高3.2个和3.6个百分点；若以水产品、禽肉和蛋类替代，恩格尔系数增幅可分别控制在1.5个、1.2个和0.8个百分点。也就是说，用水产品、禽肉和蛋类替代猪肉消费缺口，可以在整体价格较高的情况下，既能保障营养需要，又可以最大幅度地控制消费支出增长，以保障居民生活水平不发生明显下降（见表7-2）。

表7-2 猪肉价格上涨70%后动物性食物经济替代分析

品种	表观消费替代量（公斤/年）	损耗率（%）	价格（元/公斤）	等量蛋白摄入消费支出（元/年）	等额支出替换量（公斤/年）
猪肉	-16.1	4.36	32.4	-499.9	—
牛肉	12.3	9.30	72.1	805.1	6.9
羊肉	14.3	9.55	70.7	910.9	7.1
禽肉	15.9	5.94	21.9	328.8	22.8
水产品	21.4	9.30	13.3	258.3	37.6
蛋类	17.3	10.00	9.8	153.1	51.0

数据来源：由课题组测算

（二）资源视角

从饲料需求角度来分析，综合考虑屠宰率和料肉比，猪肉消费缺口由牛肉和羊肉替代，则平均一年分别需要饲料135.4公斤和177.5公斤，比猪肉消费缺口对应的饲料消耗量分别需要多消耗饲料63.1公斤和105.3公斤，牛肉和羊肉饲料中豆粕占比均为16%，按大豆出粕率78.5%计算，用牛肉和羊肉替代猪肉消费缺口会带动大豆需求分别增加12.9公斤和21.5公斤。若由禽肉、水产品和蛋类替代，则平均一年分别需要饲料66.5公斤、30公斤和34.7公斤，可分别节约饲料5.7公斤、42.3公斤和37.5公斤，可分别节约大豆需求1.9公斤、8.0公斤和9.6公斤。按2018年末人口139538万人测算，由禽肉、水产品和蛋类替代猪肉消费缺口，分别可以减少大豆需求264万吨、1112万吨和1334万吨（见表7-3）。

表7-3　猪肉价格上涨70%后动物性食物资源替代分析

品种	表观消费替代量（公斤/年）	屠宰率（%）	料肉比	饲料中豆粕占比（%）	饲料需求（公斤/年）
猪肉	-16.1	71.41	3.2	16.5	-72.2
牛肉	12.3	69.12	7.6	16.0	135.4
羊肉	14.3	52.99	6.6	16.0	177.5
禽肉	15.9	47.96	2.0	26.0	66.5
水产品	21.4	100.00	1.4	14.8	30.0
蛋类	17.3	100.00	2.0	20.0	34.7

数据来源：由课题组测算

（三）营养视角

从营养角度分析，若猪肉消费减少形成的动物蛋白缺口分别由牛肉、羊肉、禽肉、水产品和蛋类替代，则人均每日需要的替代性食物数量由多到少分别是水产品58.6克、蛋类47.5克、禽肉43.7克、羊肉39.0克和牛肉33.7克（见表7-4）。以一个中型鸡蛋50克为例，则每日需要约1个鸡蛋来填补猪肉消费的减少量。若用牛肉、羊肉、禽肉、水产品、蛋类代替，居民人均每日热量摄入分别减少

82.1千卡、60.2千卡、51.4千卡、81.3千卡和58.4千卡，脂肪摄入分别减少9.2克、6.6克、5.6克、9.9克、6.9克。

表7-4 猪肉价格上涨70%后动物性食物营养替代分析

品种	100克食物蛋白质含量(克)	可食率(%)	损耗率(%)	单位蛋白质供给表观消费量(克)	蛋白质供给表观消费量系数	年均消费替代量(公斤/年)	日均消费替代量(克/日)
猪肉	14.9	78.5%	4.4%	8.9	1.00	−16.1	—
牛肉	19.9	81.3%	9.3%	6.8	0.76	12.3	33.7
羊肉	19.0	73.7%	9.6%	7.9	0.88	14.3	39.0
禽肉	17.6	68.5%	5.9%	8.8	0.99	15.9	43.7
水产品	15.9	58.5%	9.3%	11.8	1.33	21.4	58.6
蛋类	13.3	87.0%	10.0%	9.6	1.08	17.3	47.5

数据来源：由课题组测算

营养调查结果显示，全国城乡居民脂肪摄入量为79.9克，脂肪供能比为32.9%，已经超过了合理范围的高限（30%）。而用牛肉、羊肉、禽肉、水产品、蛋类来代替猪肉后，脂肪供能比分别下降了3.6、2.5、2.1、3.9、2.6个百分点。

（四）小结

综上所述，在维持蛋白摄入水平不变、消费支出不增加的前提下，若用禽肉、水产品、蛋类代替猪肉，则居民人均每日热量摄入分别减少51.4千卡、81.3千卡和58.4千卡，脂肪摄入分别减少5.6克、9.9克、6.9克，脂肪供能比分别下降2.1个、3.9个、2.6个百分点，每年节约饲料5.7公斤、42.3公斤、37.5公斤，带动大豆需求总量分别减少264万吨、1112万吨和1334万吨。再进一步考虑养殖周期，短期内保障非洲猪瘟造成的动物蛋白消费下降应优先考虑养殖周期短的鸡蛋和禽肉，长期来看，水产品也是一个很好的替代产品（见表7-5）。

表7-5 其他动物产品替代猪肉后综合效益比对分析

品种	饲料需求变动量（公斤/年）	大豆需求变动量（公斤/年）	脂肪功能比减少量（%）	恩格尔系数变动量（%）
牛肉	63.16	12.9	3.6	1.1
羊肉	105.31	21.5	2.5	1.5
禽肉	-5.72	-1.9	2.1	-0.6
水产品	-42.25	-8.0	3.9	-0.9
蛋类	-37.53	-9.6	2.6	-1.3

数据来源：由课题组测算

三、动物蛋白供给保障及优化建议

脂肪供能比是衡量居民膳食营养结构的重要指标，但受消费习惯的影响，居民食物结构调整难度较大，有些国家甚至通过10年的努力也只能将脂肪供能比减少1个百分点。非洲猪瘟确实影响居民消费，但从改善食物营养和农业供给侧结构角度分析，是一个非常好的契机。综合考虑居民膳食营养健康需求和动物性产品之间替代关系，提出如下建议。

一是加大对蛋鸡、肉禽和水产养殖产业扶持力度。综合考虑资源环境、养殖周期和营养健康等因素，提高白肉及禽蛋在动物性食物中的供给比例。鼓励经济不发达地区发展禽蛋产业，实现优化产业结构、善用资源环境、提升综合经济效益。

二是加强动物产品消费引导。加大对动物产品营养的宣传，鼓励消费者多食用禽蛋、禽肉和水产品，提倡适度减少猪肉消费，引导居民改善动物产品消费结构。

三是开展动物产品消费结构优化与生产结构调整系统研究，以改善居民营养为出发点，提出资源节约、经济可行的养殖业生产结构。

● 名词解释

[1] 料肉比：本研究中所用料肉比为全生命周期料肉比，猪、牛、羊、禽、蛋和水产的料肉比参考中国工程院

重大咨询项目《中国养殖业可持续发展战略研究：畜禽养殖卷》（中国农业出版社），水产品料肉比由水产专家提供的鲤鱼、鲢鱼、草鱼、鲫鱼和大黄花鱼饲料转化系数并以《2018中国渔业统计年鉴》中2017年产品重量加权计算所得。

[2] 可食用系数：猪、牛、羊、禽、蛋的可食用系数是团队基于全产业链调研所得，水产品可食用系数基于《中国食物营养成分表》加权所得。

[3] 损耗率：猪、牛、羊、禽、蛋损耗系数是团队基于全产业链调研所得，水产品损耗数据参考美国农业部。

[4] 价格：猪、牛、羊、禽、蛋价格数据来源于农业农村部监测数据，水产品价格参考商务部市场运行和消费促进司公布数据。

[5] 屠宰率：猪、牛、羊、禽屠宰率基于团队全产业链调研数据，水产品和蛋类的屠宰率设为1。

[6] 营养成分：各类产品营养成分数据参考《中国食物营养成分表》第二册。

第八章

新冠疫情对家禽产业的影响及其传导加剧猪肉后市波动风险分析与对策

2019年底，新冠疫情暴发以来，为控制新冠疫情传播，全国各地迅速采取应对措施。封村断路、延迟饲料厂复工、暂停活禽交易、关闭屠宰场等防疫措施对畜牧业造成了重大影响，尤其对于生产周期短的家禽产业来说尤为严重。鸡肉等禽类产品作为非洲猪瘟影响下的猪肉消费的最佳替代产品，其供给短缺将加剧猪肉后市波动的风险。本章在分析了非洲猪瘟疫情下禽类对猪肉消费替代的基础上，依托2020年前5周对58家家禽企业的调查数据分析新冠疫情对家禽产业的影响程度，预测在新冠疫情影响下家禽产业对猪肉消费支撑的缺口，并提出防范猪肉后市波动风险的若干政策建议。

一、非洲猪瘟疫情下禽类产品对猪肉的消费替代作用与替代力度分析

据农业农村部食物与营养发展研究所从经济、资源、营养三个视角，对禽肉、禽蛋及其他肉类替代猪肉效率的定量测算结论显示，禽肉和禽蛋是畜禽产品中最佳的猪肉消费替代产品。用禽肉和禽蛋替代部分猪肉消费，对于保障居民动物蛋白摄入、稳定居民消费支出、减少脂肪摄入都具有积极意义，是应对当前我国居民普遍能量和脂肪摄入过高问题的重要途径。

2019年，受非洲猪瘟疫情、部分地区环境污染治理政策一刀切以及产业周期性因素叠加影响，我国生猪产业经历了前所未有的挑战。据测算，2019年我国猪肉消费量减少1039万吨，作为猪肉消费替代产品的禽肉等其他肉类、禽蛋的消费量均有所增加。其中，禽肉和禽蛋的消费量分别增加274万吨和181万吨，折合人均消费量全年分别增长约1.9公斤和1.2公斤，禽类产品的增长量占替代性畜牧产品增量的81.3%，极大地填补了猪肉消费的缺口，对于保障动物性食物供给、抑制猪肉价格涨幅起着重要作用。

第八章
新冠疫情对家禽产业的影响及其传导加剧猪肉后市波动风险分析与对策

二、新冠疫情对家禽产业的影响观察

当前，新冠疫情对家禽产业的影响从出和入两个角度分析，主要体现在两个方面。

一是饲料等生产资料运入困难，家禽企业面临巨大的饲料等生产资料短缺问题。根据中国畜牧业协会2020年1月至2月对58家家禽会员企业的持续跟踪调查数据显示，截至2020年2月初，37%的白羽肉鸡企业饲料保障有困难，饲料存量仅为一周左右，每日饲料缺口约为5000吨；60%的黄羽肉鸡企业存在饲料短缺的局面，每日缺口约为80000吨；40%的白羽肉鸭企业饲料存储仅可维持不足四天的饲养量，每日饲料缺口为9000吨。22%的蛋鸡企业存在饲料短缺的现象，饲料需求缺口约为350万吨。

二是禽类产品、禽苗等运出受限，产品库存积压及活禽处理困难。以白羽肉鸡为例，37%的受访企业表示航空、水运和铁路运输受阻；64%的受访企业表示，公路和高速运输受阻；32%的受访企业面临检疫票获取困难。在诸多困境下，2020年2月初64%的受访企业选择活禽压栏出售，压栏的活禽数量约占上市活禽数量的七成；24%的受访企业选择活禽无害化处理，处理活禽约占上市活禽的一成。此外，绝大多数企业选择处理种蛋、禽苗和种禽，约85%的企业选择禽苗无害化处理，处理禽苗约占上市禽苗比重的60%，40%～50%的种蛋转为商品蛋直接销售，更有12%左右的种禽被提前淘汰。仅2020年第5周就给调研白羽肉鸡企业带来直接经济损失5100万元，白羽肉鸡的库存规模已经超过安全库存规模的50%。禽蛋面临同样的局面，春节后鸡蛋价格直接跌破成本线转入亏损，2月11日主产区鸡蛋均价降至2.5元/斤，较节前大幅下跌1.2元/斤。

三、新冠疫情导致禽肉对猪肉消费替代的缺口预测

从企业应对新冠疫情措施对禽肉供给影响的时间跨度分析，当前禽类企业应对新冠疫情采取主要措施及影响有如下两类：一是禽苗无害化处理、活禽无害化处理和活禽压栏销售，影响当期禽类产品的供给；二是种蛋转商蛋销售和种禽提前淘汰，影响1～2个生产周期禽类产品的供给。

将以上两种处理方式分别对应近期和中期影响，则按当前调查企业数据可初步进行推算，白羽肉鸡近期减少的禽肉供给量约占上市量的48.85%，中期影响判断种禽和种

蛋将分别减少2.78%和3.95%；黄羽肉鸡近期减少的禽肉供给量约占上市量的73.19%，中期影响判断种禽和种蛋将分别减少2.19%和21.40%。以2019年禽类产量为基数，假设全年禽肉均衡供给，则2020年前5周禽肉供给减少135万吨，占2019年禽肉消费增量的49%。从中长期来看，由于种禽和种蛋的减少，以及相关保持农业生产物资及农产品运输畅通政策执行不到位，未来2~3个月禽肉的供给仍将处于持续减少态势。

据业内专家乐观估计，家禽产业恢复生产的周期至少需要4个月时间。同时，四川、湖南等地发生的禽流感对禽肉供给和消费需求的影响，使得禽肉供需关系具有更大的不确定性。

四、助力稳定新冠疫情后期猪肉市场价格波动的若干建议

家禽产能因新冠疫情防控需要导致大幅度减少，无疑将加大后期猪肉市场波动的风险。一方面，受新冠疫情影响，生猪养殖龙头产业处于应对性调整状态，纷纷减少生猪出栏数量。根据温氏等十大生猪养殖龙头企业2020年1月的生猪销售公告可知，2020年1月十大养殖龙头企业合计出

栏生猪185.13万头，同比减少56.73%，环比减少28.55%。另一方面，中小规模养殖企业和农户由于农村道路受堵、屠宰场停工等制约，则面临"有猪无市"的局面，出栏生猪销售困难，进一步导致猪肉市场供给减少。由于猪肉自身供给和替代类禽肉供给的双重减少，生猪价格重回上涨态势，2020年2月上旬猪肉批发价格涨至每公斤49.61元，较2019年底涨幅接近15%。从整体上判断，当前猪肉价格上涨的主导因素是应对新冠疫情影响的阶段性供需偏紧，后期随着交通运输、屠宰企业复工、生产资料企业复产等问题解决，阶段性供需偏紧问题将解决。新冠疫情后期需要重点关注禽肉禽蛋等替代产品供给短缺对猪肉市场波动带来的风险。

为科学应对新冠疫情、做好猪肉保供稳价工作，建议采取综合性政策举措，统筹生猪产业和家禽等替代性产业的协同发展。

一是加强监测预警。持续跟踪新冠疫情对猪肉消费替代性产品的影响，动态判断家禽替代性产业变化对猪肉后市波动的影响，加强预警监测并提前制定应对预案，防止猪肉后市再度面临价格快速上涨局面。

二是引导和鼓励畜牧业生产资料企业尽快复工复产。落实畜牧业生产资料的地方属地责任，强化地方首责，督

第八章
新冠疫情对家禽产业的影响及其传导加剧猪肉后市波动风险分析与对策

促地方政府要与生鲜农产品同等看待、确保畜牧业生产资料的生产与供给。根据新冠疫情情况，分区域、分阶段、分批次推动畜牧企业及相关生产资料生产加工企业复工复产，尤其是饲料企业、饲料原料企业及兽医兽药企业等。新冠疫情防控期间，允许生产资料运输与鲜活农产品同等享受"绿色通道"政策，缩短新冠疫情监测时间、等待排队时间和流程。

三是抓好生猪及禽肉的恢复和生产。积极引导屠宰企业在确保新冠疫情防控前提下，尽快恢复生产，保持生猪和禽肉产业链最后环节的畅通，确保猪肉和禽肉的市场供应。尽快恢复检疫票开具流程，积极探索新冠疫情防控期间更加高效、安全、便捷的动物检疫票开具方式，保证农业生产、生猪种猪运输、屠宰加工的连续性。

四是保障畜牧业生产资料及畜禽产品道路运输畅通。实行车辆通行证互认制度。各省、各市印制交通运输部规定统一格式的通行证，发放给畜牧生产相关企业。兽药生产企业和经销企业、精液运输车、生活物资保障车实施一证一车，固定车辆。饲料企业、屠宰企业通行证需求量最大，一证固定一车使用。生猪运输车辆备案表与通行证同等效用。督促各地，尤其是农村地区确保生产资料和生鲜产品的运输通畅。

五是加强对冷（冰）鲜肉的消费引导。通过国家媒体进行科普宣传，尤其是针对热鲜肉、活禽传统消费区域，引导消费者对冷鲜猪肉、冰鲜鸡肉等产品的消费。借助由于非洲猪瘟，消费者对冷鲜猪肉特别是禽肉消费偏好的势头，有计划、有目标地减少热鲜肉、活禽等产品类型的供给，进一步强化消费者对冷鲜猪肉和冰鲜鸡的消费意愿。培养消费者的科学饮食习惯，引导消费者适度减少肉类消费，减少脂肪和肉类的过度摄入，预防相关慢性疾病的发生。

参考文献

[1] FAO, "Value chain development and post-harvest loss reduction for smallholder farmers In FAO Regional Conference for Asia and the Pacific", *Hanoi Viet Nam*, 2012.

[2] Gustavsson et al., "Global Food Losses and Food Waste: Extent Causes and Prevention, Rome", *Food and Agriculture Organization (FAO) of the United Nations*, 2011.

[3] Hodges,R.J. et al., "Postharvest losses and waste in developed and less developed countries: opportunities to improve resource use", *The Journal of Agricultural Science*, 2011, 149(S1).

[4] Liu,G. et al., "A Food security: Curb China's rising food wastage", *Nature*, 2013, 498(7453).

[5] Parfitt,J et al., "Food waste within food supply chains: quantification and potential for change to 2050", *Philosophical Transactions of the Royal Society B: Biological*

Sciences 365, 2010(1554).

[6] UNEP, "Avoiding Future Famines: Strengthening the Ecological Basis of Food Security through Sustainable Food Systems", *United Nations Environment Programme*, 2012.

[7] 一凡：《中国农产品批发市场流通环节损失率过高》，《现代物流报》，2006年。